英語教育に役立つ
英語の基礎知識Q&A

開拓社
言語・文化選書
27

英語教育に役立つ
英語の基礎知識Q&A

八木克正 著

開拓社

はしがき

　英語の授業で生徒や学生を集中させておくことは難しいものです。50分あるいは90分の授業中に，適当なブレークを入れる必要があります。本当にブレークを入れて，教師が教室を出てコーヒーを飲んできたというのは問題ですが，英語に関連した話題提供をして，脱線を試みるということも時には必要です。

　私の授業は脱線だらけです。教材の内容からの展開はもとより，内容とは直接関係のないこじつけと分かっていても，英語がどのように形成されたのか，英語がどうして世界にひろまったのか，アメリカがどのようにして独立し，50州からなる国になったのかというような話をします。また，オーストラリア建国の歴史，シンガポール英語の特徴のような話をします。

　英語が世界に広まり始めたのは1600年代ですが，その時代の日本はちょうど江戸幕府が開かれた時代に相当します。ユーラシア大陸をはさんで，かたやイギリスは世界に乗り出し，かたや日本は鎖国によって海外との交渉を限定するという対照的な道を歩むことになりました。それぞれに歩んだ道があって，その結果として今の状況があります。英語学習を通じて国際理解を学ぶという学習指導要領の方向付けにそうならば，言葉としての英語ばかりでなく，その背景にあるものを同時に学ぶことも大切なことだと思います。

　本書では，英語のさまざまな現象の中で話題にしやすそうなもの，あるいは，実践的に英語の解釈をしたり，英語を書く上で役

に立つトピックについて解説しました。いずれも「なぜ」に答えることが本旨です。中には難しい話題もありますが，ぜひ読みこなして授業中のお話の一部に使っていただきたいと思います。

第1章では，「なぜ？」という疑問に答えるための心の準備を考えます。私は文法中心の英語教育には疑問をもっています。文法中心の授業から，第2章以下で述べるような英語にまつわる基礎知識を背景に，内容の豊かな英語の授業にすることを提案しています。

そこで，第2章では，英語の歴史を概観して，英語に関する「なぜ？」に答える準備をします（この章は，『新英語学概論』（英宝社，2006）の第一部第2章，第3章がもとになっています。執筆者はもちろん私です）。第3章では，英語の歴史の知識を使って「なぜ？」に答えます。第4章では，英語の発音に関する「なぜ？」に答えます。そこでは，発音記号の歴史と，どうしてIPA（国際音標文字）が日本で使われるようになったのかを日本人の英語との接触の歴史から考えます。第5章と第6章は，今の英語の文法や語法について，文法やフレイジオロジーなどの観点から考えています。ここで扱っているデータは，すべて今使われている英語です。

最後の第7章は，なぜ英語を学ばねばならないのか，教えなければならないのか，という根本的な問題を，昨今の英語教育や教育全体をめぐる状況と関連付けながら考えてみました。読者それぞれに考えがあると思いますが，考えるヒントにしていただければ幸いです。

英語の諺に You can take a horse to the water, but you can't make him drink. があります。英語の勉強も（そしておそらく何事によらず）学習者がその気にならなければ，いくら手を変え

品を変えても勉強させることはもとより，覚えさせることは無理です。動機付けの工夫，やる気を起こさせる授業をどのように組み立てるのか，これを考えるのが教師の値打ちです。

英語に関する情報は，いろいろな本や辞書などに盛り込まれています。そこから必要なことだけをまとめて「英語教師必携」といった総覧的な内容にしたいところなのですが，そこまでは至っていません。それでも時間を見つけて読んでいただければ，得るところは多いと思います。是非活用していただきたいと思います。

私は，エリートのための英語教育や，かたくなに日本の英語教育の伝統を守ろうとする論調には反対です。現在の英語教育の内容をみると，「日本の伝統」の危うさを思わざるをえません。日本の英語教育をどうするのか。本書には，この問いに対する私なりの回答を込めています。

本書の原稿段階で，住吉誠君（摂南大学）に大変お世話になりました。また，開拓社編集部・川田賢氏にはゲラを細かく見ていただき助かりました。お二人に感謝いたします。

2011 年 7 月

八木　克正

目　次

はしがき　*v*

第1章　英語の「なぜ」に答えるために　……………………… *1*

脱線で授業内容を豊かに　*2*
ワイシャツの話　*3*
wh- を /hw-/ と発音するのはなぜか　*3*
wh- の発音法　*4*
再び「ワイシャツ」　*4*
歴史的説明と論理的説明　*5*
論理的説明の例　*6*
文法の意義　*8*
柔軟な言語規則　*9*
知識と実践の乖離　*10*
文法分析　*11*
文法と語彙・イディオム　*13*
コミュニケーション教育を阻害する文法中心主義　*15*
文法意識は段階的に　*16*

第2章　英語はどこからきたか……………………………… *19*

はじめに　*20*
1　英語史の概略　*20*
　ゲルマン民族の移動　*20*
　英語の時代区分　*21*
　OE から ME への変化の理由　*21*
　ME から ModE へ　*24*
　ModE の時代──印刷術の発展　*24*
　大母音推移　*25*

2　英語の拡がり　*27*
　　　英語を公用語とする国々　*27*
　3　アメリカ英語　*28*
　　　アメリカ英語の形成の始まり　*28*
　　　アメリカ全土へ　*28*
　　　複雑化するアメリカ英語　*29*
　　　英米の綴りの違い　*30*
　4　カナダの英語　*31*
　　　カナダ英語の形成　*31*
　5　オーストラリアの英語　*32*

第3章　英語の語源 ……………………………………… *33*
　1　英語のアルファベットはどこからきたか　*34*
　　　ME の文字と綴り字　*35*
　　　ModE　*36*
　2　不定冠詞の a と an　*37*
　3　英語の中の黙字　*39*
　4　be 動詞の変化　*42*
　5　代名詞の変化　*46*
　6　変わった綴りの単語　*49*
　7　国名の語源　*52*
　　　Japan　*52*
　　　America　*52*
　　　Canada　*53*
　　　Australia　*53*
　　　New Zealand　*53*

第4章　英語の発音 ……………………………………… *55*
　1　発音記号　*56*
　　　発音記号の種類　*56*
　2　IPA とは　*57*
　3　日本での発音表記の歴史　*59*

英語との接触　*59*
　　　英和辞典略史　*61*
　　　1862-1910 翻訳期　*63*
　　　1911-1926 日本人のための英和辞典　*66*
　　　ウェブスター式と仮名表記　*67*
　　　IPA の導入　*69*
　　　1927 年以降の英和辞典　*71*
 4　the の発音　*73*
 5　綴り字発音　*76*
 6　relaxedly の発音　*78*

第5章　英文法の疑問 ･･････････････････････････････････････ *79*
 1　there's と数の一致　*81*
 2　I like an apple. はどうして総称にならないか　*85*
 3　複数主語なのに補語は単数？　*90*
 4　A and B each が主語になった場合の数　*92*
 5　代名詞の後方照応について　*96*
 6　関係詞　*102*
　 6.1.　a case, a situation を受ける関係詞は when か where か　*102*
　 6.2.　the house whose roof ...　*105*
 7　where your head is at ──冗漫な前置詞？　*107*
 8　一見破格？　*110*
　 8.1.　Whose job it is to know ...──無用の it?　*110*
　 8.2.　二重属格と this our time の語順　*112*
 9　助動詞 would と used to の「運命」の用法　*115*

第6章　日英対照 ･･ *121*
 1　「私は早起きだ」　*122*
 2　「このセーターは私が編んだ」　*123*
 3　「トイレはどこですか？」　*124*
 4　議長が宣する "The aye's (no's) have it." が「賛成(反対)多

数」の意味になる理由　*126*
　5　come of ... と become of ...　*127*
　6　become of の新用法？　*129*
　7　「...してもよろしいか？」の表し方　*130*
　8　「...する時が来た」とレジスター　*133*
　9　whether 節内の動詞の形　*134*

第7章　なぜ英語を学ぶのか……………………………*143*
　1　英語教育をめぐる諸問題　*144*
　　　変わりゆく英語の授業　*144*
　　　便利さ追求は知識の偏在を招く　*146*
　　　専門教育強調の代償　*148*
　　　正解はひとつでない内容の英語教育　*149*
　　　英語教育の中身を考える　*151*
　　　英語の授業を豊かに　*153*
　2　教育の役割から　*153*
　　　教科教育の目的　*153*
　　　外国語教育はなぜ必要か　*157*
　　　英語の役割　*158*
　　　何のために学ぶのか　*160*
　　　英語の授業は英語で　*160*
　　　条件整備の必要性　*163*
　　　英語嫌いにさせないために　*164*
　　　日本人は外国語が下手か？　*164*

あとがき……………………………………………………*167*

引用文献……………………………………………………*171*

索　　引……………………………………………………*177*

第 1 章

英語の「なぜ」に答えるために

脱線で授業内容を豊かに

教える側が，英語や言語一般についていろいろな知識をもっていると授業内容が豊かになります。生徒や学生の興味を引きそうな話題を，日頃の読書や情報収集によって常に仕入れておきたいものです。

本書で私が語ることは，おもに英語を言語学的にみたことが中心になります。われわれの母語である日本語についても折にふれて紹介します。言語学といっても守備範囲は広く，言語内だけで処理する統語的（狭い意味での文法），音韻的，音声学的なトピックから，英語のアルファベットはどのようにして成立したかというような英語史的なトピック，発音記号はいつごろから誰がどのようにして作ってきたかという英語学史（言語学史）的な話題，言語と文化，言語と人間の関わりなど，興味あるさまざまな話題を提供してくれます。

ただ Japan, Australia, Canada という単語を覚えるばかりでなく，どうして「日本」のことを Japan というのか，Australia や Canada という国名はどこから来たのかという話はきっと生徒・学生の興味を引くでしょう（第3章7参照）。

本書では扱いませんが，月の名前の由来も豊かな話題を提供してくれます。ただ，12 の月のストーリーを一度に全部語るようなことはかえって退屈を招くので，折をみて分けて語らねばなりません。

英語の授業を，ただ教科書や問題集の中だけで終わるにはいかにももったいない。言語の不思議に目を開かせ，英語の「なぜ」

第1章　英語の「なぜ」に答えるために　　3

に目覚めさせることができれば，授業の内容も豊かになるでしょう。次のような脱線はどうでしょうか。

ワイシャツの話

　私が着ているこれは「ワイシャツ」と言いますが，カタカナで書くことから考えても日本語ではなさそうです。実はこの言葉は，英語からきています。英語の white shirts の white が「ワイ」になったのです（その意味では，「色物のワイシャツ」は理屈の上では矛盾になります）。ワイは Y の字型とは関係ありません。この「ワイ」は「ホワイト」よりも英語らしい響きを持っています。white を発音記号で確認すると，大体 /(h)wait/ となっています。綴りは wh- なのに発音は /h/ 音が先です。しかも h は（　）に入れてあります（辞書によっては h がイタリック体になっています）。

　その理由は，基本的にはイギリス英語では /h/ を発音せず，今ではアメリカ英語でも /h/ を発音しない傾向が強いからです。「ホワイト」の「ホ」は /h/ を発音した場合で，「ワイ」の発音では /h/ を発音していません。また，white の /t/ の音は，後に子音が来ると破裂しないで終わったり，場合によっては脱落してしまいます。したがって，white の h 音を落として自然に発音すると「ワイ」と聞こえます。

　この話には，まだまだ先があります。

wh- を /hw-/ と発音するのはなぜか

　綴りは wh- なのに発音はどうして /hw-/ となるのでしょうか。実は，古くは発音のとおり hw- と書かれていたのです。『オックスフォード英語辞典』（第 2 版（以下省略））で見ると，1000 年代の

用例では hw- ですが，1300 年代には wh- となっています。疑問詞の what, which, what, when, why も同じです。hw- の並び方より wh- のほうが見た目がよいという理由があったのでしょう。which を『オックスフォード英語辞典』で見ると，1200 年にはまだ hw- ですが，1200 年代中頃には wh- となっています。1200 年代中頃にこの綴りの変化が起こったようです。

　まだ余談を続けることができます。

wh- の発音法

　英語には who, what, which, what, when, why のような語があります。この中で who だけは w を発音しません。そのほかは /(h)w-/ の記号で表されるように，w は必ず発音されます。『オックスフォード英語辞典』で見る限り，who も，もとは hw- の音をもっており，「フウー」のような発音だったようです。「ウ」を 2 回重ねたような発音はしにくいので w 音が脱落したのでしょう。

　生徒や学生に分かるように余談をするには，それぞれの発達段階を考える必要があります。このような話を一気に全部しゃべると聞いている人は嫌気がさしますから，少しずつ折にふれ話すべきでしょう。

　この「ワイシャツ」の話は，まだ続けることができます。

再び「ワイシャツ」

　「シャツ」は，発音から考えて複数形の shirts から来たと考えるべきでしょう。だから正確には「ワイシャツ」は white shirts から来たというべきところです。このような，英語の発音を耳で

聞いたまま日本語に写した例はほかにもあります。「メリケン粉」だとか，神戸の「メリケン波止場」などの「メリケン」はAmerican から来ています。A- をとても弱く，-me- を強く，-can を弱く発音するとそういう感じになります。「ミシン」は(sewing) machine（英語のアクセントのとおり，ミを弱くシを強く発音する）から，また異論はありますが，「背広」は civil clothes (uniform（制服，軍服）に対する「平服」の意）の「シィヴル」からきたと考えられます。英語の発音を耳で聞いたまま日本語に写した明治時代の名残です。

歴史的説明と論理的説明

　上の余談の背景には英語史，語源，音韻論，音声学の知識があります。それぞれの学問を別々に考えているとなかなか余談を豊かにできません。これらの学問知識を総合的に，やや冒険的な推論も加えると話が生き生きしてきます。

　「ワイシャツ」から始まった雑談が，歴史的側面からと論理的側面からの説明が混合しています。発音と綴りの食い違いは，hw- の綴りが wh- に変化したことに原因があるというのは歴史的側面からの説明です。white の -t 音が破裂をしないので耳には「ワイ」のように聞こえるというのは，音韻論の観点からの論理的説明です。

　/t/ 音はいったん舌先を上歯茎の内側に当てて呼気を止め（これを「閉鎖」という），それを破裂させる音なので「破裂音」といわれています。この最後の「破裂」までは至らないことがあるので，必ず起こる「閉鎖」を重視して「閉鎖音」ということもありますが，ここでは「破裂音」ということにしておきます。

破裂音は後に子音が来ると破裂を起こさないことが多く，耳には聞こえにくいので，発音されていないような印象があります。また，ぞんざいな発音では実際に脱落してしまうこともあります。そうするとますます「ワイ」という発音に近くなります。もしこのような解説では物足りず，もっと詳しいことを知りたいということになると，英語音声学や英語音韻論といった本をひも解かねばなりません。

　概して，歴史的説明のほうが生徒や学生の興味を引くように思いますが，むしろ授業では論理的な説明が求められることが多いでしょう。

論理的説明の例

　英語に関する「なぜ」に対する答えは基本的には論理による説明です。論理で組み立てられた文法規則は例外が多いために，疑問も生じることが多いのです。

　進行形を学ぶとすぐに，進行形にできない動詞があることを学びます。かといって，学んできたあらゆる動詞について進行形が可能かどうかは誰も教えてくれません。love は状態動詞だから進行形にはしないはずが，ハンバーガーの宣伝で "I'm loving it." と言っている。I live in Tokyo. のはずが，I'm living in Tokyo. という言い方もよく出てくる，などなど。

　受動態を学ぶと，すぐにすべての他動詞が受身にできるわけではない，という例外の話がでてきます。中には，I slept in the bed. は The bed was slept in (by me). などという書き換えを教える先生もあるそうです。また，Taro speaks English. を受動形にして，English is spoken by Taro. などと教える向きもあ

るようです。単純な書き換えのつもりでしょうが，受動文では「英語」という言語を話題にした文になり，「英語という言語は太郎が話す」にしてしまうことは不適切です（少人数の集まりで，どの言語は誰がしゃべることにするのか，どの言語は誰が話せるのか，という話題の時には可能な表現です）。

　さらには，I like English. を受身にした English is liked by me. はなぜだめなのかということになると，説明はさらに難しくなります。どこかの国王が「フランス語より英語にしろ，英語は朕の好みだから」などと言う場合には起こりえる発話かもしれません。

　現在完了形を学ぶと，すべての現在完了形は同じ意味を表すのではなく，動詞によって「完了・結果」「経験」「継続」のどれかの意味になると学びます。また，have gone は「結果の意味になり，経験の意味にならない」と教えることが多いようですし，高校入試問題にも出ています。実は，have gone は「経験」の意味にもなります。だから，オバマ大統領が自分の過去を振り返って，I've gone to some of the best schools in America. と言っているのを見て，この英語はおかしいのではないか，などと考えてしまうのです。「学校に通う」は go to school だから，人生を振り返って「（アメリカの一番良い）学校に行った」のであれば，I've gone to ... としなければなりません。I've been to ... とすると「行った（訪問した）ことがある」の意味になり，普通は生徒や学生であったという意味にはなりません。

　おそらくこのような事実をすべて知って説明ができる人はいないでしょうが，適当な文献を調べたり，人に聞いたり，考えたりして何らかの答えを見つけ出すというのは，科学的な思考の鍛錬

にもなります。

とにかく，英語の文法規則を適用することだけを問題にして，出来上がった文の意味を考えないというのは，言葉を扱う本来の姿ではありません。

文法の意義

文法規則には常に例外が付きまといます。だからこそ文法が大事だという考え方もありますが，実は英語の5文型を含む構造の基本的な知識さえあれば，英語の解釈と発話（「解釈と発話」は，読み，聴き，書き，話す，のすべてを含んでいます）で必要なのは，語彙や句，コロケーション（語と語の結合）であることは大学で英語を学び始めて気づく人が多いと思います。この段階になると，英語の専門家を目指すならばいざ知らず，一般には辞書は引いても文法書をひも解くことはまずないでしょう。

急いで付け加えますが，英語教師や英語を使う仕事を目指す大学生には，英語で書かれた文法書を何冊か読破することをお勧めします。特にお勧めは，リーチ＆スバートビク（G. Leech and J. Svartvik）『コミュニカティブ英文法』とグリーンバウム＆クワーク（S. Greenbaum and R. Quirk）『学生英文法』の2冊です。

誤解を恐れずに述べますが，中高生は入試に出るという事情（あるいは教師の指導による強迫観念）があって文法を勉強します。ですが，それを過ぎると文法は省みられることは少ないでしょう。私が読書する場合にいろいろな辞書を引きますが，英語で論文を書くときは，英英辞典はもちろん，コロケーションを丹念に拾った市川繁治郎（編）『新編英和活用大辞典』やコーパスで検証

した『オックスフォード・コロケーション辞典』をいつも参考にしています。文法書を見ることはまずありませんが，コーパスを使って用法の確認をすることがあります。

　動詞の法（mood）や時制（tense）は確かに重要な文法事項ですが，実際の使用例に接した後で，まとめて理解することが重要です。中高生の時代に，実際に教科書にも出てこないような文法規則を一括して覚えることは時間の無駄です。そんな時間があれば，英語をたくさん読むほうがよほど英語力がつきます。読書を通じて学ぶ語彙，単語と単語の修飾関係，叙述関係，コロケーションの関係，複数の単語で形成する定型表現の知識が英語の解釈と発話の基本をなしています。

柔軟な言語規則

　実際のコミュニケーションの中では，人間が持っている文法規則は実はとても柔軟で，絶対守らねばならない規則など存在しないと言っても過言ではありません。言い間違って，相手が理解できない場合は言い直したり，最初から言い直せば大体のことは通じるものです。both A and B と either A or B が混線して both A or B と言ってしまうのは，極めて人間的です。among が三者以上の関係，between は二者の関係と言われていたものが，今ではもっと自由に使われています。長い間に，同じような意味の表現は混同され，違いがあいまいになります。

　関係代名詞には制限（限定）用法と継続（非限定）用法があります。継続用法では関係代名詞の前に入れなければならないとされるカンマも，前後関係で明らかな場合は省かれる場合が少なくありません。カンマを置くかどうかは文法の問題というよりは，

書記法の約束事であって，人の言語直観とは直接には関係ありません。

単語レベルの用法でも，influenzaやpoliceなどは必ずtheをつけると言われていたのは昔の話です。

学校文法で「先行詞が最上級に修飾されたthe largest cityのような場合，関係代名詞はthatにしなければならない」というような規則を後生大事に守り，生徒にも教え，試験で生徒がwhichにすると減点するというようなことをするのは，即刻やめるべきです。この規則に何の根拠もないからです。

言語は柔軟です。本来はいくらでも言い換えができますし，聞き手の様子をみながら，繰り返しや言い直しができます。それが言語能力というものです。一言で，言いたいことをずばり言うような能力を求めることは絵に描いた餅にすぎません。

中高生の英語教育の目標を文法規則の習得と考えるのではなく，読み，書き，話し，聞く能力の育成という方向を目指さない限り，英語教育はエリート教育とふるい落としの道具にしかならないでしょう。

知識と実践の乖離

文法書や問題集から得た文法知識をもっていても，それを実際の解釈や表現に利用することは簡単なことではありません。解釈の場において，どの文法知識が関係するのかが分かれば，その解釈の90％は成功です。次の一節をみてみましょう。

> "*A meal is about sharing*," says Doherty. "I see this trend where parents are preparing different meals for

each kid, and it takes away from that. The sharing is the compromise. Not everyone gets their ideal menu every night." ("The Magic of the Family Meal," Nancy Gibbs, *Time*, June 4, 2006)

(「食事とは分かち合いです」とドハーティは言う。「親が子供それぞれに別々のメニューを用意する傾向があります。そして，その傾向が食事から分かち合いを奪い去ります。分かち合いは妥協です。皆が皆毎晩理想的な食事をするわけではないのです」)

文法分析

上の文章は短い引用ですが，十分な理解は簡単ではありません。A meal is about sharing. の about は何でしょうか。これはこの一節の一番難しいところです。Politics is about power.（政治とは権力だ）と同じように，be about はイディオムで，主語についての解説を述べます。What is education? は教育の定義を聞いています。What is education about? は，教育とは何かという定義が分かった後で，それが何の役に立つのか，何のために存在するのか，などと，教育の本質を問う疑問文です。主語の a meal は単数形ですが，「総称」の意味です。

Doherty が言ったことは過去の事実ですが，said とせず says とするのは，描写を生き生きとする歴史的現在と考えることができます。it takes away from that の it は this trend を，that は食事を受けています。take away from は，了解済みの目的語（この場合は「分かち合いの精神」）を省いて自動詞になっていますが，本来は「食事から分かち合いを取り去る」(this trend takes sharing away from the meal) となるはずのところです。

be about のイディオムが分からないと，この一節の本質的なところは理解できなくなります。それをおいても，「総称」「歴史的現在」「了解済みの目的語省略」などという文法的な事実が裏に隠されています。仮にこのような知識を文法で学んでいても，この一節の解釈にその知識を利用できるとは限りません。具体例の中で文法を学ばないと，知識と実践が別物になります。

　実践を伴わない知識は，畳の上の水練，本で学ぶテニスの技術と同じく，たいした役には立ちません。

　言語を豊かにするのは，語彙であり，語彙が結合した定型表現であり，コロケーションです。言語理解と言語表現の本質は，そこにあります。文法書が5文型を語るとき，一定の類似の単文を使います。上の一節のような文章を使って文型を語ることはありません。

　試みに，上の文章の文型を考えてみましょう。文章を構成する四つの文の第1文は，主語が Doherty，述語動詞は says であることはいいとして，"A meal is about sharing," は目的語としていいのでしょうか。文法書で引用句をどう扱うかの決着は難しいところがあり，避けて通る部分でもあります。私は目的語として扱うのがいいと思っています。そうすると5文型の中では第3文型になります。

　第2文は，主語は I，動詞は see，目的語は trend の第3文型。where 以下 kid までは trend の修飾語句で，parents が主語，prepare が動詞，meals が目的語です。and 以下は重文を作る等位節で，it が主語，takes away の句動詞が述語動詞の役割を果たす第1文型です。

　第3文は sharing が主語，is が動詞，compromise が補語の

第2文型。第4文は everyone が主語，gets が述語動詞，menu が目的語の第3文型です。単語またはイディオムとしてここにあげなかった語句はすべて修飾語です。

　英語には5文型があるという知識と，実際の文章の中の個々の文が何文型であるかが分かることとは同じではないことが分かるでしょう。5文型を知るのは，解釈や作文をするために必要だからであって，修飾語が何であるとか，副詞的語句は文の基本要素に入れるかどうか，などという言語学上の問題を語るためのものではありません。基本的な形を知るためにすべての学習者が学ぶものは，もっとも簡単で分かりやすいものでなければなりません。

　5文型の知識は，実際の読書や書く時に活かせるものでなければならず，文型のための文型は無用です。

文法と語彙・イディオム

　英文法という用語は，狭い意味の文法（統語論，形態論）を超えて，はるかに広い意味で使われます。たとえば，I am a student (　　) Kyoto University. の (　) には at を入れますが，このような前置詞選択問題も文法問題と言われています。もし文法を個々の語彙を超えた一般規則を扱う分野であるとすれば，個々の単語どうしの結合を問う問題は，実は文法問題と呼ぶには不適当なはずです。

　特に文法問題か語彙やイディオムの問題であるかということは大きな問題ではありません。ですが私には，「文法」を広い意味にとっておいて，結局は狭い意味の文法の重要性を強調する隠れ蓑になっているとしか思えません。そして，私が狭い意味の無意

味な文法指導にこだわる傾向に批判的なことを言うと,「文法」は何も狭い意味の文法のことを言っているのではない,広い意味,すなわち,言語に内在する規則性全般だ,という反論になって現れます。

「広い意味の文法」はどの程度分かっているのでしょうか。世界で一番広く深く研究されていると言われる英語ですら,狭い意味の文法に限っても誰もが一致する分析結果というのはほとんど存在しないと言っても過言ではありません。

用語としては誰でも知っている「時制」や「仮定法」といった具体的な文法に関わることについてすら,改めて調べようとすると,まずもって具体的事実の確認から始めなければならないのです。だからこそコーパスといった言語事実を知るための道具が必要なのです。どの用法を正しいと認めるのか,という事実の確認自体,決してたやすいことではありません。ましてや,「広い意味の文法」の何が分かっているのでしょうか。

存在するのは言語事実です。それも北アメリカの標準的とされる中西部方言に範をとるとして,その方言の話者が話す言葉は,年齢や地域によってさらに違いが見られ,場面による使い分けもあります。あらゆる社会的条件を排除して,純粋にモデルとなる「英語」があるとしても,存在するのはその英語自体であって,その中の規則性を見いだそうとするとたちまち分析者による解釈の違いが生まれてきます。文法とはそういうものなのです。

個々の語彙とその意味・用法はもっぱら辞書の仕事とされますが,その語彙は時々刻々と変化しています。次々と辞書が出されますが,その変化にはなかなか対応できません。英和辞典の記述でも,次々と古い英語の記述や誤った認識などの問題点が指摘さ

れますが，改善は遅々として進まないのが現状です。

　コロケーションやイディオムの重要性は古くから知られていますが，それを正面から取り組む言語学の分野としてはかつては辞書学しかなかったものが，コーパスの発達に対応する形で「フレイジオロジー」という分野が盛んに研究されるようになってきました。辞書学者は，コロケーションやイディオムを集めればそれですむではないか，などと嘯く人もあります。実はそうではなく，フレイジオロジーは統語論中心の言語観に対して，語彙と定型表現中心の言語観を確立しつつあります。

コミュニケーション教育を阻害する文法中心主義

　夏休み明けの大学の学部2年生の授業で生活の様子を聞くと，クラスの何人かが1か月ほどイギリスやアメリカで語学研修をしてきていました。その学生たちはホームステーをしてきたのですが，やはりコミュニケーションが十分できなかったようです。何が原因か，と問うと，やはり語彙不足だと言います。単語が分からなければ別の表現をすればいいなどというのは，かなり進んだ英語力があってはじめて可能なことです。発話に不慣れで，そういう言い換えの訓練を受けていない学生にとって，「知っている表現で言い換える」というのは至難の業です。まずは，否応なく基礎的な語彙と表現法は絶対に覚えておかねばなりません。

　私自身，大学院の博士後期課程のゼミでは留学生がいるので，できるだけ英語で授業をします。中身の複雑なことを話す時，どういう構文で話し始めたかが途中で分からなくなって，もう一度最初から言い直すなどということは日常茶飯事，ひとつのことを伝えるのに，3回ほど同じ内容のことをいろいろと言い換えては

じめて理解させることは当たり前になっています。比喩的に言えば，英会話の教科書にあるような，大文字で始めてピリオドで終わるような構造のしっかりした文などしゃべる余裕はありません。

かといって，クラスの予想発言集を準備して話すと無味乾燥な対話になるでしょう。研究発表も原稿を読むのは特にアメリカの学会では嫌われます。人の発話は，詰ったり，「アー，ウー，アノー」など（これを英語では hesitation filler（私は「間詰め」と訳します）と言います）が出るのは当たり前で，これがないと原稿を棒読みしていると思われます。

学習当初から，覚えたことを使って自由に発話するという根本的な考え方に立って，そのための基本訓練のプログラムにしたがって授業をしない限り，英語を話せるようにはならないでしょう。

文法意識は段階的に

私がこのような発言をすると，必ず，文法分析をせずに感覚で捉えるような読みの不完全さを指摘する声と，三単元の -s, -es の不完全な英文論文などそれだけで拒絶されるという反論がでてきます。

いきなり大学レベル，あるいは学者レベルの話を持ち出すのは議論の飛躍です。少なくとも，中学校や高等学校では，文法知識の整理は必要だけれども，日常の英語学習は表現中心でなければ面白くないし，身にも付かない，役にも立たないということは認識すべきだと思います。

極めて限られた教材をもとに，細かい文法の説明を受けながら

英語を学んで何の役に立つのでしょうか。英語の授業を英語でやることについて，英語嫌いが増えるという反論があります。すでに，文法教育で十分英語嫌いを生産しています。英語を使うことによって，英語に興味を持せる方法を見いだすべきなのです。このような考え方の理論的基礎になるのがフレイジオロジーですが，詳しいことは八木克正・井上亜依「英語教育のためのphraselogy（上）（下）」(2008) を参照してください。

　本書の第2章から第6章で，今の英語が成立した過程を知り，日本の英語教育では本格的な扱いができていない音声教育の意義を考え，今の英語の姿を考えることにします。このような知識は，英語の授業を豊かにし，「なぜ？」に答える素地を提供するものです。

　ある程度年齢の高い教師の中には，中高大を問わず，古い受験参考書や問題集の文章にノスタルジアを感じて，難しいことを学んだ，あの頃はよかったと感じる人が多くいます。よく勉強した人のほとんどがそうかも知れません。そして，古い英語を持ちだして，それを読解することを英語上達の筋道とする考え方もあります。

　しかし考えてみてください。大学での教材はもちろん，大学の入試問題や，センター試験，中高の教科書の文章にそのような古いものが扱われているのでしょうか。今の英語を理解し，それを駆使できる能力を養う。これが英語教育の目指すべき方向です。本書はそれを意識して，特に第5章，第6章で扱う文や文章はすべて今使われている英語を扱っています。

　さあ，第2章から，英語の「なぜ？」に迫るいろいろな知識の世界に挑戦してください。

第 2 章

英語はどこからきたか

はじめに

英語の歴史を深く理解するためには，イギリス史の知識が不可欠です。英語の変化は大きな歴史的事件によってもたらされたからです。また，アメリカの植民から建国，西部開拓，アメリカの領土拡大，南北戦争といったことは，英語を理解する上で大切な知識です。アメリカの州が state であるのは独立当時から英語国であったことを反映していますし，カナダの州が province と呼ばれるのは，フランスの植民地としての出発が反映しています。

オーストラリアの独特の訛りの起源は，やはり建国の事情が反映しています。この章ではそのような話を簡潔に述べています。

1 英語史の概略

ゲルマン民族の移動

英語はインド・ヨーロッパ語族 (Indo-European Language Family) の中のゲルマン語派に属します。インド・ヨーロッパ語族は，ユーラシア大陸に広く分布する世界最大の語族です。インドの古代語であるサンスクリット語 (Sanscrit) は，ヨーロッパの古典語である古代ギリシャ語 (Greek)，ラテン語 (Latin)，ゲルマン語 (Germanic) と並ぶ古典語です。18 世紀のサンスクリット語の発見が，19 世紀のインド・ヨーロッパ語族の発見と言語間の親族関係を明らかにする比較言語学 (Comparative Linguistics) 発展のきっかけになりました。

ゲルマン語派には英語のほか，ドイツ語，オランダ語，スウェーデン語，ノルウェー語，フリージア語，デンマーク語，アイスラ

ンド語などが含まれます。ヨーロッパ大陸の北部の寒冷地域にいたゲルマン民族が3世紀後半から南下し，南のローマ帝国を圧迫，395年にはローマ帝国は東西に分裂，476年には西ローマ帝国は滅びました。

英語では「ゲルマン人(語)」は Germanic，「ドイツ人(語)」は German として区別しています。

英語の時代区分

ゲルマン民族の小部族であるアングル族 (Angles)，サクソン族 (Saxons)，ジュート族 (Jutes) などが，ローマ帝国の支配下にあったブリテン島への移住を完了したのはおおよそ西暦450年頃のことです。その時期からアングロ・サクソンのブリテン島支配が始まりますが，文献的にアングロ・サクソンの言語が確認できるのが700年頃からです。そこで，700年から1100年を一番古い英語の時代，古英語 (Old English，以下 OE) をとすることが多いようです。

続いて，1100年から1500年が中英語 (Middle English，以下 ME)，それ以後が近代英語 (Modern English，以下 ModE) となります。ModE は，初期近代英語 (Early Modern English) と後期近代英語 (Late Modern English) とに分けられます。分かれ目は1700年頃です。1900年以降が現代英語 (Present-day English) と呼ばれています。

OE から ME への変化の理由

OE と ME の時期を分ける大きな事件は，現在のフランスの一地方であるノルマンディー (Normandy) のノルマン人がイン

グランドを征服した事件「ノルマン人の征服 (Norman Conquest, 1066 年)」です。

また，ME と ModE の時期を分ける大きな原因となったのは「ルネサンス (Renaissance)」，「大母音推移 (Great Vowel Shift)」，ロンドン方言を中心とした標準英語 (Standard English) の確立などです。

OE 時代，大陸から渡ってきたゲルマン民族の一部であるアングル族，サクソン族，ジュート族の諸部族が定住したイングランド地域をもとに，多くの地域方言が形成されました。この方言が，後の英語の多様性や変化形の複雑さの原因になっています。

動詞 go はロンドン方言ですが，過去形は別の方言で同じ意味を表す wend の過去形が混合して go — went — gone のような不規則な変化を生みました。

OE 時代は北欧民族のバイキング (Viking) との戦いの時代でもありました。バイキングはもともとゲルマン民族に属し，彼らの言語，古ノルド語 (Old Norse) もゲルマン語派に属するものです。バイキングは，ヨーロッパばかりでなく，大西洋を渡って遠くアメリカ大陸にまで渡ったことが知られています。彼らはヨーロッパのいろいろな土地に定住しました。アイスランド (Iceland) をはじめ，フランスではノルマンディー地方 (Normandy（北の人の土地）)，ブリテン島ではイングランド北部に定住し，常にイングランドの脅威になりました。この事態がノルマン人によるイングランド征服の伏線になっています。ノルマン人の征服は，フランスのノルマンディー地方に定住した北欧民族のノルマン人がイングランドを征服した事件です。

イングランドの北半分を占領したバイキングはアングロ・サク

ソン人と争いながらも同化してゆき，イングランドの王位もバイキングの子孫が継承するほどになっていました。一方，ノルマンディーに定住したバイキングの子孫のノルマン人はフランス文化と言語に同化し，ノルマン・フレンチ (Norman French) というフランス語の一種を使うようになっていました。このノルマン人の王ウイリアム (William) は，イングランドの王位継承を主張してイングランドを征服し，フランス語を話すノルマン人がイングランドを支配する時代になったのです。この時期に，おびただしいフランス語の語彙が英語に取り入れられ，英語の語彙を豊かにしました。

　動物の名前 cow, pig, sheep, deer はアングロ・サクソンの語彙で，それぞれの肉を意味する beef, pork, mutton, venison はフランス語に由来します。また，sun, moon, dog, cat といった基本的な語彙はアングロ・サクソンですが，対応する形容詞がフランス語源の solar, lunar, canine, feline になるのもこのような歴史的な背景があります。

　英語とフランス語の接触は，英語に大きな変化をもたらしました。違った言語を話す人たちが接触すると，動詞や名詞の変化形や，語彙，文法に大きな変化をもたらすことが知られています。後世のヨーロッパ諸国の植民地では，ヨーロッパの諸言語とアフリカ，アジア諸国の言語との混成が起こり，ピジン (pidgin) やクリオール (creole) を形成しました。ピジンとは，優勢な英語やフランス語などヨーロッパの言語と先住民の言語との間で形成された混成語のことであり，この言語を母語とする人たちができるとその言語はクリオールと呼ばれるようになります。

　英語とフランス語の接触の結果大きな変化をこうむった OE

は，クリオールとしての ME へと変化していきました。

ME から ModE へ

ME の時代は，支配階級がフランス語を，非支配階級が英語を話すという状況になっていました。時代が進むにつれて，支配階級も英語を使うようになりました。1400 年代には，後に英詩の父と呼ばれるようになったジェフリー・チョーサー (Geoffrey Chaucer, 1343?-1400) が英語で文学作品『カンタベリー物語』(Canterbury Tales) を書き，本格的に英語復活の時代が訪れました。

中世からルネサンスの時代に入り，古代の文化・文芸・思想・哲学を学ぶために，大量のラテン語，古代ギリシャ語が英語に流入しました。また，キャクストン (Caxton) によって印刷術がブリテン島にもたらされ，綴りの統一化やロンドン方言をイングランドの標準語へ統一する方向へ大きな役割を果たしてきました。このような事情が重なって，英語の姿も大きな変化を起こしました。

ModE の時代——印刷術の発展

1500 年ごろの印刷術の発達で，一般大衆に英語を使って知識を広めることができるようになりました。以前はラテン語が勢力をふるっていた宗教，法律，医学などの領域にも英語が進入していきました。

この時期はルネサンス時代であり，古代ギリシャ語やラテン語から英語への翻訳活動がさかんに行われました。その翻訳活動の結果，「ラテン語はほとんどだめでギリシャ語はさらにだめ」な

ウイリアム・シェイクスピア (William Shakespeare, 1564-1616) でも古典の遺産に親しむことができるようになりました。

1500年以後,英語は学問の言語としての役割を果たすようになりましたが,この時期に英語に大きな変化が起こっていました。英語の変化に歯止めをかけようとした文法家たちは,英語の使い方に規範を与えようとしました。その規範として参考にされたのはラテン語の統語法でした。

一方,綴り字についても,印刷術が導入される前では書き手が自分で好きな書き方をしていました。そこで,初期の綴字改革者や特に印刷業者は,そのようなまちまちな書き方を万人に共通の綴り字の体系に変えようとしました。印刷業者の判断で,音の体系にもっともうまく合致している綴り方にしようとしたのです。

大母音推移

ところが,当時はちょうど英語の発音が大きく変化する時期でした。そして,彼らが行った綴り字改革が発音と綴りを大きくかけ離れさせる結果を招くことになりました。この変化はME期の後半から始まり,シェイクスピアの時代を経て初期近代英語期にわたって起こった大規模な母音の発音の変化で,「大母音推移」と言われています。単母音だけでなく,長母音 (カナで表せば「イー」「オー」「ウー」など) と二重母音 (カナで表せば「エィ」「オィ」「アィ」など) の発音にも大きな変化が起こりました。

シェイクスピア時代の演劇では Rome と room はいずれも「ローム」,raisin と reason はいずれも「レーズン」のように,似た発音をもっていました。また,後期近代英語では「ロウム」と「ルーム」,「レイズン」と「リーズン」のように今の発音にな

りました。

　以下に，現代英語の綴り，チョーサーの ME 期の発音，シェイクスピアの初期近代英語期（EModE），現代英語の発音を表にしました。発音記号は IPA を使っています。IPA については，第 4 章で詳しく説明します。

現代英語の綴り	ME → 15 世紀 ME	EModE	現代英語の発音
child	tʃiːld	tʃaild	tʃaild
house	huːs	hʌus	haus
grief	greːf	griːf	griːf
moon	moːn	muːn	muːn
meat	mɛːt	meːt	miːt
name	naːmə → næːmə	nɛːm	neim
stone	stɔːn	stoːn	stoun

　イギリスは 17 世紀には世界に植民地をもとめて進出しました。1600 年代初頭からアメリカへ，18 世紀後半からカナダ，18 世紀末からオーストラリア，19 世紀前半にはニュージーランドへと植民地を拡大しました。そして，アフリカ，アジアにも多くの地域を植民地化し大英帝国（Great Britain）を形成していきました。それに伴って，ヨーロッパの言語ばかりでなく，アメリカ大陸先住民，中国，インド，オーストラリア先住民のアボリジニーなど植民地の言語からも語彙を取り入れました。日本語からも少なくない語彙を取り入れています。

今日，世界のいろいろな国で英語が使われていますが，それぞれの標準語的な英語は文法的にはほとんど違いがありません。基本語彙や高度な専門用語はすべての国の標準英語が共有しており，共通して使われる相当数の語や慣用句があります。

2 英語の拡がり

英語を公用語とする国々

英語を公用語とする地域は次のようになります。

(1) 大英帝国内： England, Scotland, Wales, Northern Ireland, Republic of Ireland
(2) 北米大陸： Canada, U.S.A.
(3) 西インド諸島： Jamaica, Bahamas, Caribbean Islands, Haiti, Dominica
(4) 南アメリカ： Guyana（ガイアナ），Surinam（スリナム）
(5) 南大西洋： St. Helena, Tristan da Cunha（トリスタン・ダ・クーニャ），Falkland Islands（フォークランド諸島）
(6) アフリカ： South Africa, Liberia
(7) アジア： India, Pakistan, Singapore, the Philippines
(8) オセアニア： Australia, New Zealand, Papua New Guinea

これらのうち，英語が公用語になっている主な地域の特徴をみてゆきましょう。

3　アメリカ英語

アメリカ英語の形成の始まり

　アメリカ合衆国での英語の発達は，三つの時期に分けて考えることができます。第一番目の時期は植民地時代で，1607年のジェームズ・タウン（James Town）での植民（そのすぐ後には，ニューイングランド（New England）地方への清教徒（Puritans）の到着があります）から，新しく独立したアメリカ合衆国の憲法が制定された年の1790年までです。

　バージニア（Virginia）やニューイングランドの植民者たちの英語はイギリス南部の諸州（counties）で使われていた17世紀の英語でした。当時アメリカに持ち込まれた英語は，イギリスで使われていた英語ほど地域方言をもつに至りませんでしたが，今日みられるニューイングランドを中心とする北部方言の特徴は，この時代にさかのぼります。

　植民地時代の中部大西洋岸諸州の植民者は，ウイリアム・ペン（William Penn, 1644-1718）の理想の影響を受けており，この地域の人々，特に，植民地時代のペンシルバニア（Pennsylvania（「Pennの森」の意味））の人々はアングロ・サクソン系の人たちばかりではありませんでした。多数の北アイルランド人と，1683年の契約によってドイツのプファルツ地方のドイツ人が多数移民してきました。この人たちの言語は，イギリス英語とは異なった特徴あるアメリカ英語の形成に貢献しています。

アメリカ全土へ

　アメリカ英語発達の第2段階は，1790年から南北戦争の時代

(1860年頃)に至る時期です。この時期は,歴史的に二つの重要な展開がありました。最初の13の植民地から,開拓の進行を妨げていたアパラチア山脈(The Appalachians)を越えて南へ西へと開拓が進んでゆき,ついには太平洋にまで達しました。

さらには,1845年のアイルランド飢饉以後アイルランドから,また1848年以後はドイツから新しい移民の波が押し寄せました。最初の植民以降,1860年ころまではイギリスからの移民が人口の大半を占めていましたが,この時期には北ヨーロッパからの移民が高い割合になっていました。

複雑化するアメリカ英語

1860年から現代に至るまでの時期に,南ヨーロッパとスラブ諸国からの大量の移民がありました。これらの移民は,発音や語彙の面でニューヨークの英語にいくらか影響を与えましたが,全体からみればアメリカ英語に与えた影響はほとんどないように思われます。

たとえば,語尾と母音の前の /r/ はイギリス標準英語では落される傾向がありますが,これを発音するのは中部アメリカ英語の特徴です。しかし,ニューイングランド東部方言と南部諸方言にはみられない特徴です。

もう一つ,すべてのアメリカ英語に共通の特徴と考えられている fast, laugh, grass などの母音 /æ/ の発音があります。しかしこれも,ニューイングランド東部とバージニアでは /ɑː/ が使われます。この発音はイングランド南部の英語の発音に類似しています。

イギリス英語とアメリカ英語の間にある違いの一つに,rob,

stop, hop などの母音の発音があります。アメリカではこれは，/ɑ/ と発音する傾向があります。これは either, neither の母音を /iː/ と発音するのと同じように，植民地時代のイギリス英語の発音がアメリカ英語に残ったものです。

duke, new, Tuesday のような語の発音が /juː/ ではなく /uː/ となる傾向があります。これもイギリス英語との際だった違いです。

さらにイギリス英語とアメリカ英語を区別する際だった違いを二つあげておきましょう。一つは，北部アメリカ諸方言には上昇，下降のピッチパタンが少ないことです。もう一つは，多音節語，特に -ory, -ary, -ery の語尾に第2アクセントを置くことです。ordinary, dictionary, secretary などのイギリス英語の発音と際だった対比を示しています。

英米の綴りの違い

米英それぞれで好まれる綴りに若干の違いがあります。たとえば，center/centre, fiber/fibre, theater/theatre などの -er と -re, color/colour, humor/humour の -or と our, defense/defence, offense/offence などの -se と -ce, jeweler/jeweller, marvelous/mavellous, traveling/travelling などの母音間の子音を -l- とするか -ll- とするなどがあります。

これらの違いの大半は，辞書学者ノア・ウエブスター (Noah Webster) の綴り字改革にさかのぼることができます。彼の辞書『アメリカ英語辞典』(*American Dictionary of the English Language*, 1828) で使われた綴り字の体系がアメリカで採用され，それが現代アメリカの特徴ある正書法のもとになっています。

4 カナダの英語

　最初にカナダを開拓し始めたのはフランス人でした。1608年，ケベック（Quebec）に植民地が建設され，1663年にはフランスによるカナダの植民地化が本格的に始まりました。それからちょうど100年後，1763年にフランスはイギリスとの戦いに敗れ，カナダはイギリスの植民地になりました。1857年に首都がオンタリオ（Ontario）に決まりました（現在の首都はオタワ（Ottawa））。そして，1949年に10州と2準州からなるカナダができました。

カナダ英語の形成

　カナダ英語の初期の歴史はアメリカ英語の歴史によく似ています。植民の最初の時代に使われていた言語は，当時のイギリスの英語でした。いろいろな特徴はその当時から現代まで続いており，現代の英語に保守的な要素を残しています。カナダの新しい環境に対応して生じた変化が，後にイギリス人にはアメリカ的に，アメリカ人にはイギリス的に聞こえるといわれる，独特な英語を作り出すことになりました。

　アメリカ独立戦争以後，カナダとアメリカ合衆国を隔てる政治的な境界がカナダとアメリカのことばの違いの拡大を助長しました。それ以後，アメリカと地理的に南に境界を接していることと，イギリスから絶え間なく移民が流入してきたことで，イギリス，アメリカ両国との言語的，文化的なつながりが保たれてきました。

5 オーストラリアの英語

　オーストラリアとニュージーランドの英語は，両国の歴史に共通するところが多いこと，地理的に近いこと，過去ずっと密接な関係にあったことから，多くの共通性をもっています。しかし，発音と語彙の細かいところでは違った面があります。

　1788年にニューサウスウエールズ (New South Wales) に植民したイギリス人たちは，イングランド (England)，スコットランド (Scotland)，アイルランド (Ireland)，ウエールズ (Wales) の言語とその方言を持ち込んできましたが，やがてオーストラリア英語は独自の方向をとりはじめました。その理由は，新しい環境に対応した語彙が入ってきたこと，語が新しい意味と用法をもつようになったこと，方言から入ってきたような語が，本国では使われなくなった後もオーストラリアで使われ続けたことなどがあげられます。

第 3 章

英語の語源

英語の語源についてはいろいろな本があります。ここでは，第2章で述べた英語の歴史の知識を使いながら，言語を科学する観点から，「なぜ」に答えるトピックを扱います。

1 英語のアルファベットはどこからきたか

アルファベット（alphabet）という語は，ギリシャ語の最初の2文字α（アルファー）とβ（ベータ）とからとられています。世界には6,000以上の言語があると言われますが，そのほとんどは文字をもっていません。日本語も漢字が入ってくるまで文字がなかったことは周知の事実です。漢字からカタカナ・ひらがなが作り出され，今日に至っています。英語にも同じような歴史があります。

大陸からブリテン島に渡ってきたゲルマン民族の人々は，ルーン文字（the runic alphabet）（最初の6文字をとってフルサーク（Furthark（Furtharc）ともいう）をもっていました。この文字はもともと宗教的・儀式的な目的に用いられていたらしく，多くの碑文に刻まれていますが，写本にはわずかしかみられません。ルーン文字は次のようなものです。

第3章 英語の語源

ᚠ	ᚢ	ᚦ	ᚩ	ᚱ	ᚳ	ᚷ	ᚹ		ᚻ	ᚾ	ᛁ	ᛄ	ᛇ	ᛈ	ᛉ	ᛋ
f	u	þ	o	r	c	g	w:		h	n	i	j	ʒ	p	(x)	s:

ᛏ	ᛒ	ᛖ	ᛗ	ᛚ	ᛜ	ᛟ	ᛞ		ᚪ	ᚫ	ᚣ	ᛠ	ᛣ	ᛤ	ᚸ
t	b	e	m	l	ŋ	œ	d:		a	æ	y	êa	k	k̄	ḡ:

ルーン文字とそれぞれに対するアングロ・サクソン文字

　6世紀になってキリスト教の布教活動の中でローマン・アルファベット (Roman Alphabet) がもたらされました。アングロ・サクソンの人たちは、このローマン・アルファベットにルーン文字を組み合わせ、自分たちのアルファベットを作りました。OE で使われた文字は以下のとおりです。この中で、ƿ の文字は p と紛らわしいので、現在では w の文字を使って表すのが習慣になっています。( ) はまれに使われた文字です。

　　a æ b c d e f ʒ h i (k) l m n o p
　　r s t þ ð u ƿ x y (z)

ME の文字と綴り字

　OE から ME への移行に伴って、綴り字にも特徴的な変化が生じました。ノルマン・フレンチを使うノルマン人の写字生 (scribe) は ME の文章を筆記するときに、フランス語の綴りの習慣を持ち込み、新しい正書法 (orthography) の原則を導入しました。その結果、一面で利点もありましたが、後世に不評な英語の綴りの不規則性も招くことにもなりました。

　新しい文字 g, q, v, w の導入によって、OE の二つの c の発音は、king (cyning) と choose (ceosan) の現代の綴りに見られ

るような区別ができるようになりました。しかし一方で，cat のような語に c の文字を残したこと，nice の /s/ を表す文字として c を使う複雑さを残すことになりました。

OE の特徴的な文字 þ と ð は徐々に th にとって変わられました。ȝ の文字が失われ，その結果，その文字が表していた音が night, daughter の gh と綴られるようになりました。現代英語ではこれらの単語の gh の音は失われています。ただし laugh で /f/ の音になっているのは例外です。

また，u, v, n, m, w というような多くの文字が似ていたので，u の文字が come, son, wonder などの語の中の o にとって代わられました。

ModE

シェイクスピア時代を過ぎて，1630 年ころから i と j の区別，u と v の区別をすることによって現代の 26 文字からなるアルファベットが完成しました。

w は英語では「ダブリュー」(u が二つ)，フランス語では「デゥーブルヴェー」(v が二つ) と呼ぶ違いには，もともと同じ文字を英語とフランス語で違った呼び方をしたことがその背景にあります。

大母音推移や綴り字改革のさまざまな試みを経て，発音と一見かけ離れたような綴り字が確立してゆきました。現在のような綴りが確立する上で，18 世紀のサムエル・ジョンソン (Samuel Johnson, 1709-1784) の編纂になる『英語辞典』(*A Dictionary of the English Language*, 1755) と『オックスフォード英語辞典』(*The Oxford English Dictionary on Historical Principles*, 1857-1928) が大

きな役割を果たしました。

アメリカ式の綴りを確立する上で，ノア・ウェブスターの『アメリカ英語辞典』が大きな役割を果たしたことは先に見たとおりです。

2 不定冠詞の a と an

教室では子音で始まる単語の前では a だが，母音で始まる単語の前では an だ，と言って教えています。つまり a が無標 (unmarked) であり，an が有標 (marked) の扱いになります。もし，「なぜ母音の前では an になるのか？」と問われると，答えは「発音がしやすいように」となるでしょう。これで間違いありませんが，歴史的に見ると実は an が基本で a が派生形です。もともと子音の前であろうが，母音の前であろうが，an が使われていました。ところが，an book のように子音が連続するのはやはり発音がしにくい。そこで an の n の音を落として，a book という習慣が生まれたのです。

ではこの an はどこから来たのでしょうか。実は，an は one と語源が同じです。昔の英語教育では a/an を「ひとつの」と訳させていました。今はどうか知りませんが，one と a/an は同語源だから a/an を「ひとつの」という訳をしてもおかしくありません。では，いつ頃から one と an が分かれ，さらには an と a が分かれたのでしょうか。

『オックスフォード英語辞典』の an の語源の解説によると，冠詞としての用法と数詞としての用法が未分化であった an は，OE の時期から子音の前では弱まって，1150 年頃には a の形が

できていました。ここで「弱まった」というのは，子音の連続を避けて，an の n の音が弱化したことを指します。この時期から数詞と，弱い意味（つまり冠詞的な意味）との分化が始まり，弱母音を使う a, an と，長母音を使う数詞としての a /aː/, an /aːn/ の分化が見られるということです。

　では一体 one という綴りはどこから来たのでしょうか。OE の時代から an であったものが ME になって a→o という母音の音変化が起こり（一色マサ子『冠詞』p. 12），13 世紀頃に on /oːn/ という形になったとされています。イングランド西部や南西部地方の方言で on に w の音が語頭に加わり，won /woːn/ または /won/ という語形と発音ができました。さらに ModE で母音変化が起こり，/wʌn/ が標準的な形となった（寺澤芳雄（編）『英語語源辞典』one の項）と考えられています。

　これまで述べてきた a/an と one の変遷についてまとめておきます。OE では数詞と冠詞の an は未分化で，ME 初期の 1150 年頃には子音の前では n が落ちて，a だけで使われることがありました。またこの時期に冠詞と数詞の分化が始まりました。13 世紀頃に数詞の /aːn/ に母音変化が起こり /oːn/ となり，/w/ 音が添加されて /woːn, won/ が生じました。

　ModE の時代になって /o/ /oː/ の音が大母音推移の一環として /ʌ/ の音に変化し，それが今の時代に受け継がれている，ということになります。

　このような発音変化は，現代英語の綴りと発音の関係を説明する原理とも関係する興味ある現象です。

3　英語の中の黙字

ここでは，know の k，climb の b，night の gh，sing の g が発音されなくなった経緯を述べることにします。

ドイツ語，フランス語，スペイン語といったヨーロッパの英語以外の言語に接すると，若干の例外はありますが，発音と綴りが基本的には一致していることを学びます。英語も OE の時代ではほぼ発音と綴りは一致していました。

ME では，フランス語を話すノルマン人の支配下に置かれたために，フランス語の綴りが取り入れられ，もともとのアングロ・サクソン式の綴りがフランス語の綴りと混ざり合い，複雑化してゆきました。しかし，ME 時代も基本的には発音と綴りの対応関係は維持されていました。

それが ModE の時代になると，一方で 15 世紀のキャクストンによる印刷術の広まりに合わせて綴りが固定化され，また一方で，発音の変化が進行していました。特に，「大母音推移」といわれる母音の発音の組織的な大変化が進行しました。そのようなことが原因となって現代の英語の発音と綴り字の不一致を招いたのです。

さて，(i) know, knock, knight の語頭の /k/，(ii) climb, limb の語尾の /b/，(iii) night, knight, thought の gh で表されていた /t/ の前の /ç/，(iv) sing, song, thing の語尾の /g/ は，もとは発音されていました。それが今では発音されていないのはよく知られているとおりです。これらの発音されない文字を黙字と言います。

それぞれいつ頃から発音されなくなったか，中尾俊夫『英語史

Ⅱ』の記述をもとにみてみましょう。

(i) の語頭音 /k/ の消失は 17, 8 世紀に始まり，さまざまな経緯を経て現在のように完全に落とされるようになった (pp. 406f.)。

(ii) の語尾の /b/ の消失は，ME 期の 1300 年頃から始まり，方言によっては，ModE に入っても続いていた。現代英語でも，assemble, nimble, tremble の /b/ 音が落とされることがあるということです (p. 404)。(ただし，今のところ，筆者には文献的に assemble などの /b/ 音が落とされた発音の記録を見いだすことはできていません。)

(iii) の gh で表されていた /t/ の前の /ç/ (ドイツ語の Ich の母音と類似。日本語の「ひ」音の子音もそれに類似しています。したがって，ME 時代では knight は「クニヒト」のような発音だった) は，ME 後期から ModE 初期の比較的早い時期に確立したようです (pp. 412f.)。

(iv) 語尾の /g/ の消失は，1600 年頃から始まり，17 世紀中には規則的になった (pp. 408f.)。

このような変化の原因は何でしょうか。スイート (H. Sweet)，イェスペルセン (O. Jespersen)，マルティネ (A. Martinet) などは，人の本性としての「労力節減」に求めます。同じことをするならば，できるだけ労力を節約しようとすることが，言語変化にも働いていると考えるのです。

clothes の発音は，もともとは /clouðz/ だったが，/ðz/ の発音のわずらわしさから /z/ だけになり，close と同じ発音も容認されるようになったのはそれほど古いことではありません。この変化をみても，(i), (ii), (iii), (vi) としてあげた発音変化をみて

も，無意識とはいえ「労力節減」の結果生じた変化であると考えることができます。生きた言語として，英語は常に変化しています。

　(i), (ii), (iii), (iv) のような変化も一朝一夕に確立したものではありません。短いものでも 100 年近く，長いものでは 300-400 年もかかって進行しています。それぞれの時代で，年配者が「今の若いものの発音はぞんざいで許せない」と腹立たしく思っていたことでしょう。

　英語はインド・ヨーロッパ語族の言語の中では，ドイツ語，フランス語などと比べても屈折変化が少ない言語です。だから最初の学習にはとっつきやすいことは間違いありません。ですが，学習が進むにつれて，少ない活用形で多くの意味を担うわけですから，それだけ意味の解釈が難しくなり，また時制や修飾関係などの表現や解釈が難しくなります。

　「言語経済」という言葉がありますが，人は本質的にできるだけ楽をして言いたいことを表現したい。だから表現を短くしたり，文法構成を考えずに使える決まり文句を多用します（これが「労力節減」）。一つの表現で 10 の内容を表現できれば経済的である一方，10 のうちのどの意味であるかを文脈などで判定しなければなりません。10 の内容を 10 の表現で表すことを選ぶか，10 の内容を 5 の表現で表すか，10 の内容を 1 の表現で表すか，結局はバランスが働きます。どこで楽をするかの行きつ戻りつがあります。「経済」とは言いえて妙です。

　OE の時代は，英語にも他のインド・ヨーロッパ語族の言語に負けず劣らず屈折変化がありました。ですから，OE を学ぶと，今の英語とはまったく違った複雑な屈折変化を学ばねばならず，

新たな外国語を学ぶような感じを抱きます。その OE の複雑な屈折変化は,英語が他のいろいろな言語と接触(言語学では「言語接触」(language contact) と言います) することによって失われていきました。

　第2章でみたように OE 時代には古ノルド語を話すバイキングの侵略を受け,フランス語を話すノルマンディー人に征服され,ME 時代には支配階級がフランス語を話し,ModE 時代にはギリシャ,ラテンの言語・文化を取り入れました。このような言語接触の結果として,英語は徐々に屈折変化を失いました。その中で,日常的によく使われる代名詞や be 動詞,それに「不規則変化動詞」と言われる動詞群が古くからの変化を保っています。

4　be 動詞の変化

　be 動詞は英語の中でもっとも基本的な動詞です。したがって,初学者は be 動詞の学習を避けることはできません。ところがこの動詞は,他のどの動詞と比べてももっとも多様な変化をします。初学者の中には I am, you are, he is, she is, it is, we are, you are, they are などという変化を覚えることができなくて挫折してしまう人もいるでしょう。英語の学習過程で最初の時期に超えなければならないハードルのひとつです。

　もっとも基本的事項である be 動詞がどうして複雑な変化をするのでしょうか。その理由は,先にも述べたように,日常よく使われるからにほかなりません。変化が言語の中で固定化してしまって,母語話者はいったん覚えてしまうと気付かないほど化石化しています。不規則変化動詞といわれる動詞群 (go, come, fall, drink など）は，いずれも日常的によく使われ，日常的にそれほど使わない動詞は一般化・標準化され規則変化動詞になっています。

　第一言語として英語を習得する人にとって be 動詞を習得することはそれほど困難ではないでしょう。それは，母語には長い時間接触することができ序々に習得できるからです。また学校でも丁寧に学ぶ機会があります。ところが外国語として学習する場合，短期間に母語にはまったく関係のない事柄をひたすら暗記しなければならないことが難しさの根源です。英語を母語とする人には当たり前のことが，外国語として学習しようとすると大変な困難を伴うような事項はいくつもあります。

　冠詞だとか，疑問文を作る do だとか，関係代名詞，語順をひっくり返す受動形などが初学者の英語学習の前に立ちはだかります。母語から類推できるような現象は理解しやすいが，母語に存在しない種類の現象を学習することはとても難しいことです。日本語には be 動詞に対応する動詞は存在しません。しかもその be 動詞が主語によって形を変えるのです。さらにそれが現在と過去という時制によっても形が変わります。

　ある程度英語に慣れると何でもないことが，初学者にはとても難しく感じます。日本語をまったく知らない人に，日本語の表記は，漢字，カタカナ，ひらがな，ローマ字，アラビア数字を使うと言うとびっくりします。日本語を母語とする小学生が自由にあやつる日本語の表記法も，日本語に接したことのない人にはまるで魔法のように写るようです。

　英語の初学者には，理屈よりまず覚えよということは正しいと思います。へたに理屈で理解しようとするとそこでつまずいてし

まうことは間違いないでしょう。しかし，教える側である教師は，be 動詞は少なくとも三つの基底形 (base form) が組み合わさって成り立っているということは知っておいていいと思います。

　be という基本形がどうして一人称・直説法・現在で am になるのか理屈では説明がつきません。アメリカ構造言語学が盛んな頃は，言語を歴史的に見ることを避けるために，come の過去形が came になることを説明することに苦労しました。言語は歴史の産物でもあるのだから，歴史的展開に触れずにすべてを説明することは不可能です。ですが歴史的展開をふりかえると何でも説明できるのかというとそうでもありません。なぜ一人称・直説法・現在で am になる語根が選ばれたのかという理由の説明はおそらくできないでしょう。

　日本語の「サンドイッチ」の語源の説明でも同じことです。「サンドイッチ」は英語の sandwich から来ました。sandwich は人名（サンドイッチ伯爵，Earl of Sandwich）から来ました。Sandwich は地名です。この地名は sand（砂）＋ wich（町）から来ました。では，sand はどこから来たか，wich はどこから来たか，なぜ sand が「砂」の意味になり，wich が「町」になるか，ということになると突きとめることは困難です。歴史を見るといっても，この程度で我慢しなければならないのが現状です。

　be 動詞の変化形形成の歴史を知るための手近な文献としては，『オックスフォード英語辞典』，『ショーターオックスフォード英語辞典』をはじめ，寺澤芳雄（編）『英語語源辞典』があります。もう少し詳しく知るためには，カーム (G. O. Curme) の『品詞と語形論』(1935, pp. 247ff.) や，イエスペルセン (O. Jespersen)

の『近代英語文法』第6巻 (pp. 75ff.) といった古典的文法書があります。

これらの記述を比較すると，『オックスフォード英語辞典』，カーム，イエスペルセンでは be 動詞は三つの語根の変化形 (be, is, was) からなるとしていますが，『英語語源辞典』は『ショーターオックスフォード英語辞典』と同じく，四つの語根 (is, was, be, are) からなるとしています。

三つか四つかの違いは are という変化形をどう捉えるかによる違いです。『オックスフォード英語辞典』の are についての説明を要約すると次のようになります。

もともと OE では直説法現在の am は，sind, sindon と earon, aron の二つの形をもっていた。このうち earon, aron はイングランド北部方言で使われていたが，16 世紀になって英語全体に広まって are の形になって標準語に入り込んだ。すなわち are は am と同じ語根の方言形であるという説です。

一方，『ショーターオックスフォード英語辞典』では，are の形は "the Germanic perfect formation, base of *are*, of unknown origin"（ゲルマン語の完了形を作る基底形 are から来たもので，語源不詳）とし，イングランド北部方言の earon, aron が標準語に入り込んだ形とは考えていません。『英語語源辞典』は『ショーターオックスフォード英語辞典』と同じ 4 語根説になっています。

結局は，are が am, is と同じ語根から生じたとするのか，別物とするのかで 3 語根説と 4 語根説とが分かれるということです。

今の文法書を見ると，be 動詞の変化表はあげているが，なぜ

そのように多様な変化をするのか，どうしてそのように多様化しているのか，ということに触れることはありません。そして，そのような疑問を持って調べ始めると，上に述べたように簡単には結論は出せないのが実情です。

5　代名詞の変化

ここでは，英語の代名詞のうち，複雑な変化をする人称代名詞 (personal pronoun) について考えてみましょう。

人称代名詞は，英語を学ぶ最初の頃に，I, my, me のようにして変化形を学びます。you, your, you は誰がみても同類であり，お互いが「変化形」であることは疑う余地がありません。

それに対して一人称の I は，どうも my, me とは出自が違うということは直観的に分かるでしょう。一人称の I がなぜ大文字で書かれるのかという説明に，英米人の自己主張の強さが現れているという俗説も近頃は聞かれなくなりました。もちろん俗説であり，事実ではありません。一文字しかない一人称代名詞を i と書くと文章の中で目立たなくなるので，見落とされないようにする工夫です。ただ，最近のネット上の書き込みは小文字が多いようです。

英米人は自己主張が強いから I を大文字で書くとか，自我が強いから再帰代名詞を多用するといった，言語の形式を直接に言語使用者の特性と結びつける考え方があります。言語の特徴と人間の特性を結びつけるような研究は，科学的な言語研究の対象にはなりにくい。なぜかというと，証明が難しいからです。大体，英米人は自我が強いというようなことがどのようにして証明でき

るのでしょうか。確かにどの国においても国民性はありますが,それが言語と結合しているかというと問題が多すぎるように思います。

英米といってもイギリスとアメリカとでは国民性は随分と違うし,アメリカとカナダでもまた国民性の違いがあります。言語は人為的に押し付けることができるから,世界に英語が拡大したのです。英語を押し付けられた人たちがみんなイギリス人のような性格をもつようになったと証明できればいいのですが,証明は難しいでしょう。ステレオタイプとして流布される国民性(民族性)を前提に,英語の特徴と結びつけることは学問にはならないように思われます。まずはステレオタイプが事実であることを証明しなければならないからです。

さて,英語の人称代名詞について,(1) I はどこから来たか,(2) she と her とはどういう関係にあるのか,の説明が必要です。これに加えて,変化形の問題ではないのですが,(3) they, their, them の由来を述べておかねばなりません。また,(4) we, our, us について,特に we と他の変化形との関係を知っておきたいところです。

まず簡単なところから。they, their, them は本来の英語(アングロ・サクソン)ではなくて,ON (Old Norse, 古ノルド語: OE 時代にヨーロッパを席巻したスカンジナビア半島からきたいわゆるバイキング (Viking) の言語) から英語に入ったことはすでに第 2 章 1 で述べたとおりです。代名詞などの言語の基本的な部分(基礎語彙)に外国語が入り込むということは珍しいことです。OE の時代では人称代名詞三人称複数形は,主格,属格,与格,対格の順にhīe, hiera, him, hīe でした。これらは,現代英語の they, their, them とはまったく異なった形であることは一目瞭然です。このように，基本語彙である代名詞が混合するほどブリテン島の中で，バイキングの子孫とアングロ・サクソン人が入り混じって共存していた証でもあります。

三人称単数男性形は，hē, his, him, hine，女性形は hēo, hiere, hiere, hīe，中性形は hit, his, him, hit でした。それぞれ本来のアングロ・サクソンの語形です。男性形は現代英語でもほぼそのままであり，中性形は語頭の h が落ちて it になったことのほかに若干の変化がみられますが，それほど大きな変化があったわけではありません。

OE 時代には女性形 she に近い形はありませんでした。(2) としてあげた問題，OE では hēo であったものがなぜ she になったのかについての答えは必ずしも定説がないようです。『オックスフォード英語辞典』によれば，she は OE の女性形指示代名詞 sío, séo, síe からきたとしています。

次に，(1) の問題に戻りましょう。I は OE の ic /ik/ に遡ります。この語は，ego（自我）と同語源で，ドイツ語の ich も同類です。ic は語形変化がなく（それは男性，女性，中性に関係なく「自我」だから），別の代名詞が目的格や所有格などの変化形を補っていました。現代英語の所有格 my は mine が基本形で，母音の前では mine，子音の前では子音の連続を避けるために my を使うのが原則でした。それが今では my が所有格，mine が独立所有格としての役割分担が確立しています。

この mine の語源はよく分かっていないようで，『オックスフォード英語辞典』によれば，「穴を穿つ」の意味の mine からきたのであろうという説が述べられています。me は，広くイン

ド・ヨーロッパ語族で使われている一人称単数目的格の形です。

最後に(4)について。OE では人称代名詞一人称複数は，wē, ūre, ūs, ūs であり，ū の音がもとにあり，ū の音に近い半母音 w がそれに置き代わったものです。

このように，人称代名詞の複雑な変化形の裏には，複雑な歴史が反映していることが分かります。

6 変わった綴りの単語

時刻を表す 10 o'clock は中学校のかなり早い時期に学習します。それ以前に，book, school, chair などと身の回りの表現の発音と綴りを学んでいます。場合によっては，Tom's book というような書き方も学んでいるかも知れません。Tom's の場合は，'s は「...の」の所有の意味を表す綴りであることは説明がしやすいのですが，o'clock となると，clock は「時計」だが，o' は一体何でしょうか。私自身，中学・高校時代に o'clock の o' が何であるのか説明を受けた覚えはありません。

『ロングマン現代英語辞典』(第 5 版) を見ると，o'clock の説明として簡単に "of the clock" と書いてあります。『ショーターオックスフォード英語辞典』(第 6 版) では，of the clock の of を縮約 (contraction) したものとしています。つまり，o'clock は of the clock の of the が落ちたものですが，of の省略といいながら不思議と the の省略についてはふれられていません。それはおそらく，冠詞の省略は日常茶飯事であり，特に問題にならないからでしょう。

19 世紀の小説には of the clock とフルに書いている例は珍し

くありません。インターネットでそのような例をいくつも見ることができます。一例だけあげておきましょう。

> He slept until *ten of the clock*.
> (William Makepeace Thackeray, "CHAPTER IV, The Flight," *A Legend of the Rhine* (1845))
> (彼は 10 時まで寝ていた)

今では o'clock も省略して，He slept until ten. と言えば ten が時刻のことであることは誰にでも分かります。「ケータイ」といえば「携帯電話」のことであり，だれも「携帯灰皿」などとは思わないでしょう。このように，言語は習慣化することによって表現法が確立してゆきます。

今度は，rock-'n'-roll について考えてみましょう。今では習慣化して，rock だけで音楽の一ジャンルを指します。だから rock-'n'-roll などと言う必要はないのです。'n' は and の省略です。アポストロフィーは元来，省略箇所の印で，o'clock の場合も同じです。and が n になることを理解するためには，まず英語の単語が大きく「内容語」(content word) と「機能語」(function word) に分けられることを知っておかねばなりません。

動詞や名詞，形容詞，副詞の多くはそれぞれが特定の語義をもっています。go は「行く」の意味ですから，これは「内容を伴った語」すなわち「内容語」です。前置詞の in は「中に」の意味だとも言えますが，in の意味は多様です。of, at などとなるとさらに意味が明確でなく，意味よりむしろ名詞と名詞を繋ぐ機能のほうが重要です。接続詞は語と語，句と句，節と節を繋ぐという機能が重要です。代名詞も同様で，機能は名詞の代わりであ

り，名詞で表さなくても，何を指しているか，誰であるかが分かるから代名詞を使うのです。その意味で，意味的な役割は小さいと言えます。したがって，これらを「機能語」といいます。

このように，意味的に重要度が低い機能語は音声的にも軽く発音されます。すなわち，特に必要な場合を除いて弱く発音されるので「弱形」(weak form) と呼ばれます。and は接続詞で，軽く発音されます。つまり，普通は /n/ と発音されます。学習文法でも，bread and butter, cup and saucer などを例に，and が軽く発音されることが強調されます。このような成句でなくても，and は一般的に軽く「弱形」で発音されます。特に必要があれば，/ˈænd/ と発音することがあります。特に発話の最初で，「それから？」というつもりで相手の発言をうながす場合に使われる発音がそうです。これは「強形」(strong form) です。

さて，rock-'n'-roll の 'n' の正体がこれで分かりました。では，rock とは何か。音楽のこと，特にロック・ミュージックについて何も知らない私が説明するのもおかしな話ですが，体を揺らしながら演奏することから来ているようです。もともと rock も roll も船の揺れ方を表す言葉です。「ローリング」(rolling) は船体が横揺れをすることであり，「ロッキング」(rocking) は前後に揺れることを指します。

rock，あるいは日本語の「ロック」という言葉が音楽の一ジャンルを指すようになるまでに，このような歴史をたどっています。このような歴史を知ることが言葉の面白さでもあります。文化・社会と無関係に考えて，論理だけで音楽ジャンルの rock の意味を動詞の rock と関係付けることは難しいでしょう。

7 国名の語源

Japan

『東方見聞録』のマルコ・ポーロ (1254-1324) が西洋に伝えた日本の名前は Chipangu でした。この形は Japan とは異なります。英語, オランダ語, ドイツ語, デンマーク語, スウェーデン語では Japan (発音はそれぞれで異なります), スペイン語, フランス語では Japon, ポルトガル語では Japão, イタリア語では Giappone と綴ります。これらの綴りのもとになったのは,「日本」の中国語読み Jih-pǔn がマレー語で Jǎpung, Japang となり, それがポルトガル語やオランダ語経由で西洋に入ったと考えられています。

America

America という語がはじめて使われたのは, 1492 年のいわゆるコロンブス (Christopher Columbus, 1451-1506) の大陸発見から 15 年後のことです。

1507 年にドイツの地図製作者ヴァルトセーミューラー (M. Waldseemüller) が, 論文「地理学入門」(Cosmographiae Introductio) ではじめて America という語を使ったとされています。その America という語は, アメリカ大陸に 3 度渡航し, 1501 年には南米大陸を調査したイタリアの商人・航海者アメリゴ・ベスプーチ (Amerigo Vespucci, 1454-1512) の名前に由来します。アメリゴのラテン語名 Americus を新ラテン語 (Neo-Latin) の語形 America で言い換えたものが America の語源とされています (『英語語源辞典』,『オックスフォード英語辞典』)。

Canada

『英語語源辞典』は，Canada の語源を北米大陸先住民のイロコイ族 (Iroquoian) の「村」を意味する kanada を語源としています。

実は Canada の語源には三つの説があって，イロコイ族語源説のほかに，ヨーロッパの言語（スペイン語，ポルトガル語，フランス語のいずれか）語源説，インドのヒンズー哲学者 Kanada の名前から，の説があります（オーキン (Orkin)『カナダ英語を話して』(pp. 163-164)）。しかし，やはり先住民族の言語語源説がもっとも有力です。

Australia

『英語語源辞典』の暗号のような記述を読み解くと，Australia は「南の（土地）」を表すラテン語 (Terra) Australis に由来するということです。-ia は，「状態・性質・存在物」などを表すラテン語・ギリシャ語名詞の語尾です（これも『英語語源辞典』に拠ります）。

ちなみに，Autria はドイツ語 Österreich（東の王国）の近代ラテン語 Austria に由来します。

New Zealand

ニュージーランドはオランダの昔の属領で，オランダ語 Nieuw Zeeland に由来します。nieuw は英語の new，zea は sea，land は land で，「新しい海の土地」の意味です。

第 4 章

英語の発音

1　発音記号

発音記号の種類

　日本の辞書や教科書は発音表記に，ほとんど例外なく「国際音標字母」(International Phonetic Alphabet，略称 IPA) を使っています。また，学習英英辞典は，アメリカ系の『マクミラン英語辞典』，『メリアム・ウェブスター上級学習英語辞典』，『ケンブリッジ・アメリカ英語辞典』も含めて例外なく IPA を使っています。

　今はオックスフォード系の英語辞典はいずれも IPA を使っています。『オックスフォード英語辞典』も初版は独自の発音表記をしていましたが，第 2 版では IPA になっています。初版の dictionary の発音表記は /di-kʃənǎri/，第 2 版では /ˈdɪkʃənrɪ/ となっています。『コンサイスオックスフォード英語辞典』は，第 7 版までは，原則として見出し語に補助記号を付ける発音表記でしたが，第 8 版以降は IPA になっています。第 7 版の dictionary の標記は diˈctionarȳ，第 8 版では /ˈdi-kʃənrɪ, -ʃənrɪ/ です。

　一方，アメリカの代表的中型辞典は独自の発音表記を使っています。代表的な中型辞典の発音表記を dictionary でみてみましょう。煩雑さをさけるために，変異形にはふれません。

　　『アメリカン・ヘリテージ辞典』(第 4 版) /dĭkʹshə-nĕrʹē/
　　『メリアム・ウェブスター・カレッジエイト辞典』(第 11 版)
　　　/ˈdik-shə-ˌner-ē/
　　『ウェブスターズ・ニューワールド・カレッジエイト辞典』
　　　(第 4 版) /dikʹshə nerʹē/

『エンカータ・コンサイス英語辞典』/díksh¹nəri/

　類似はしていますが、それぞれに独自の表記法をとっていることが分かります。IPA の便利さはいろいろな補助記号を使って、世界のあらゆる言語の音声を表記できることにありますが、音声学者によって、音の解釈の仕方が異なったり、細密な表記をするかどうかなどの考え方の違いがあります。英和辞典でもそれぞれ表記が異なります。試しに、いくつかの英和辞典の pocket の第 2 音節の母音の発音表記を見ると、/ə, i, ɪ/ のいずれかを使っているもののほか、/ɪ/ の上に /ə/ を重ねた表記もあります。

2　IPA とは

　前節では IPA はいろいろある発音表記法のひとつに過ぎないことを述べました。しかし、英和辞典をはじめ、必要に応じて英語教科書で広く使われているために、IPA は日本では「発音記号」と同義語になっています。ですから、英語を日本で学んだ人にはなじみのある記号の体系です。この節では、IPA の考え方と制定の歴史を簡単に述べることにします。

　この発音記号の体系は、国際音声学協会 (International Phonetic Association) が定めたものです。この協会は、1886 年にフランスのパウル・パッシィ (Paul Passy) が外国語教育のために発音記号を普及することを目的に設立しました。この会にイギリスの言語学者で『新英文法』を書いたスイート (H. Sweet) や、デンマークの言語学者で『近代英語文法』(全 7 巻) を書いたイエスペルセン (O. Jespersen) が加わって、国際的な学会へと

成長してゆきました。

　1888年に，パッシィとスイートの考えを合わせて発音記号の体系が作られました。その後，基本的なところを守りながら改訂を重ねて今日の形になっています。世界の言語を記述するために，アルファベットに各種記号を加え，必要に応じて補助記号を使う体系になっています。この記号の体系は，国際音声学協会のホームページから手に入れることができます。また，同協会が発行している『国際英語音声学会ハンドブック』(*Handbook of the International Phonetic Association*) によっても知ることができます。

　このハンドブックには，記号の説明のほか，アメリカ英語，アムハリ語，アラビヤ語，ブルガリア語などのほか，日本語，韓国語，広東語などの言語の音素体系を記述し，それに「北風と太陽」の話を音読したものを IPA で表記し，それぞれの言語の文字を使った書記体系を付しています。日本語は，母音は /a, i, u, e, o/ の 5 個，子音は 15 個 /p, b, m, t, d, tˢ, n, ɾ, s, z, k, g, w, ɴ, h/ が認められています。/ɾ/ はラ行音の子音（舌先を上歯茎に弾ませる音。歯茎弾音），/ɴ/ は「ん」を表す記号です。

　アメリカ英語は単母音が /i, e, ɪ, ɛ, æ, ɑ, ʌ, ɔ, o, u, o/ の 11 個，二重母音が /aɪ, ɔɪ, aʊ/ の 3 個，子音が /p, b, m, f, v, θ, ð, t, d, n, s, z, ɹ, l, tʃ, dʒ, ʃ, ʒ, j, k, g, ŋ, w, h/ の 24 個が認められています。いわゆる「あいまい母音」/ə/ は，個人差が大きいので，母音の中の特定の音としては表記されていません。また，二重母音に /ei, ou, uə/ が含まれていないのは，二重母音の後半の母音を「渡り音」(glide)（後続の音に繋ぐための音）として解釈しているためです。/iː/ は長母音を表しています。

このように，同じ記号を使っていても，音声学者によって解釈が異なったり，考え方が違ったりして，別の記号を当てはめるということが起こります。英和辞典が IPA を使っているといっても，辞書によって与える記号が異なるのも同じ理由です。

3　日本での発音表記の歴史

日本では英語の音表記に使う記号はほぼ IPA になっていますが，日本人は英語の発音をどう理解し，どのような記号で表してきたかを歴史的に振り返ってみましょう。そのためには，まず日本人が英語とその発音をどのように理解してきたかをたどっておく必要があります。

英語との接触

1800 年代になって，日本近海にイギリス船が現れるようになり，いずれは英語国民との接触が避けられないという時代なりつつありました。

1808 年に，オランダ船を装ってイギリスの船フェートン (Phaeton) 号が長崎港に入り，薪や食料を強奪するという事件が起こりました。もちろん当時は，江戸時代当初からの鎖国政策のもとにあり，当時の長崎奉行が，外国船の侵入を許した責任をとって切腹するという事態に発展しました（この記述は，日本英学史料刊行会編（1982）『長崎原本『諳厄利亜興学小筌』『諳厄利亜語林大成』研究と解説』所収の諸論文に負っています）。

このような歴史的背景の中で，蘭学（オランダ語の習得とオランダ語文献の解読）と並んで英学の研究が急務となりました。幕府に

英学研究を命じられた蘭学者・本木正栄（モトキ・セイエイ）は，ただちに『諳厄利亜興学小筌』（アンゲリアコウガクショウセン）(1811)，『諳厄利亜語林大成』（アンゲリアゴリンタイセイ）(1814) を著しました。筆者の手もとには，1982 年に大修館書店が出したこれらの復刻版があります。そこでは英語がカタカナ表記されています。もともとカタカナは，漢字の読み方を付記するのに使う補助的役割をしていたので，英語の発音表記には好都合でした。

『諳厄利亜興学小筌』は語彙ばかりでなく，日常会話の解説をあげているという点で辞書とは言えません。語彙の配列もシソーラス (thesaurus) のように，意味的に関連した語彙を集めるという編集方式です。ここでの発音表記はすべてカタカナであり，Create「クレテット」，Heaven「ヘーヘン」，World「ウヲルト」，Earth「エースル」，Sun「シュン」のような発音は，本木の相談役でこれらの書物の編纂にもアドバイスしたオランダ人ブロムホフの影響と言われています。一方，Element「ヱレメント」，Moon「ムーン」というような英語の発音に近い表記もあります。

これに対して，『諳厄利亜語林大成』は語彙をアルファベット順に配列し，訳語を与える形をとっており，現存する一番古い英語辞書といえるでしょう。ここでも発音は先の『諳厄利亜興学小筌』と同じくカタカナ表記であり，次のような表記になっています：Any「アーニィ」，Sometimes「ソメティメス」，Hip「ヒップ（股）」，Knee「キニース（膝）」。

この発音表記もオランダ人ブロムホフの発音を参考にしたものと言われ，実際に英語の発音を聞いて転記したものではありません。最初はこのようにオランダ語なまりの英語の発音を学んでい

たようです。ただ,『諳厄利亜興学小筌』も『諳厄利亜語林大成』も,広く日本で流布した本ではなく,一部の専門家が理解していた発音にすぎません。

このように江戸時代末期に始まった英語理解の新しい歴史は,1853年のアメリカの軍艦4隻が浦賀において日本の開国を迫ったことで大きな変換をとげてゆきました。以下,江戸末期からの英語辞書の歴史を概観し,それぞれの時代にどのような発音表記がなされていたかを概観します。

日本における英語辞書の歴史的区分と,発音表記の歴史的区分とは必ずしも一致しませんが,ここでは英和辞典の歴史の中で発音表記がどのように変遷してきたかを跡づけることにします。

英和辞典略史

筆者は英和辞典の歴史を,以下の六つの段階に分けます。

第1期　1862以前
第2期　1863-1910——翻訳期
第3期　1911-1926——日本人のための英和辞典期
第4期　1927-1966——共同作業と第一次学習辞典期
第5期　1967-現在——第二次学習辞典期
第6期　2000-現在——大辞典期

このうち第1期は,すでに述べた,『諳厄利亜興学小筌』『諳厄利亜語林大成』というオランダ人から学びながら作った単語集,あるいは初歩的な辞書期です。これらの時代区分は,これから述べる英語の発音表記の歴史と深い関わりがあります。まず,第1期は,発音表記がオランダ語の影響を受けたカタカナ表記の時期

です。

　第 2 期は，主としてアメリカの辞書を翻訳する時期であり，したがって，ウェブスターの辞書の発音表記をそのまま使う時期です。

　第 3 期は，翻訳期を脱して，新たな日本人に必要な英語の情報を提供する時期です。この時期は，発音表記については，ウェブスター式と IPA との入れ替わりの時期であり，その相克が見られます。当時の学者や辞書編纂者は，結局は一斉に IPA へと向かいますが，一般の人のためにカナ表記も使われています。

　第 4 期は若干の例外を除き，今日の，「発音記号といえば IPA」という時期になってゆきます。

　第 5 期，第 6 期は完全に IPA の時代ですが，21 世紀を前に，新たなカタカナ表記も現れ，初学者のための辞書で使用されています。

　第二次大戦をはさんで 1967 年までの 40 年間は英和辞典としては新しい辞書を創出するよりも，改訂を重ねながら近代的な辞書に移行する準備期と考えることができます。

　1967 年以降の新しい時期に入っても，英和辞典の発音表記は，さまざまな問題を抱えており，同じ IPA を使うといいながら，音声の解釈・表記の方法，ストレス表記の方法（いわゆるアクセント記号を母音の上に置くのか，音節の前に置くのかなど），シラビケーション（分綴・分節）の表記方法などについてのそれぞれの辞書による考え方の違いが明らかになっています。また，イディオムのストレス表記には多くの問題があり，今後の研究をまたねばならない面も少なくありません。

　ここで，シラビケーションについて一言。シラビケーションは

日本語では「分綴」と「分節」の両方の意味で使われます。英和辞典の見出しでは普通，たとえば animal という単語を a·ni·mal のように綴りを分けて表記しています。これを分綴（ブンテツ）と言います。見出し語の後には普通，発音表記が与えられます。単語はいくつかの音節からなっていますが，発音記号の表記の中には音節の切れ目（これを分節（ブンセツ）と言います）を表す記号は使われていません。ところが分綴の位置と，分節の位置とは必ずしも一致しません。たとえば，綴りでは lit·tle のように二つの t の間で分けることができますが，発音では /li.tl/ のようにしなければなりません。だから，発音表記にも区切りを入れる必要性を説く人があります。

　さて，以上の概略を頭において，それぞれの時代をもう少し詳しくみてゆくことにしましょう。

1862-1910　翻訳期

　1853 年以後，蘭語通詞（ランゴツウジ）の堀達之助（ホリタツノスケ）などが，基本的にはピカード（H. Picard）による英蘭辞典の『ポケット英蘭・蘭英辞典』（*A Pocket Dictionary of the English-Dutch and Dutch-English Languages*）を英和に翻訳し，実用に供することのできる初めての英和辞典『英和対訳袖珍（シュウチン）辞書』を作ったのは 1862 年のことでした。

　『和譯英辞書』（通称『薩摩辞書』）(1869) は，先の『英和対訳袖珍辞書』の改訂版を自称しました。多くの点で『英和対訳袖珍辞書』を改訂していますが，もっとも大きな改訂は，すべての見出し語にカタカナで発音を記したことです。この辞書はさらに改訂され，1871 年に改訂版『大正増補　和訳英辞林』が出されまし

た。

　小島義郎『英語辞書の変遷』や早川勇『辞書編纂のダイナミズム──ジョンソン，ウェブスターと日本──』によれば，この版では日本ではじめてウェブスター式の発音表記が使われたようです。改訂によって収録語彙の増加や綴りのアメリカ化というような特徴があるようですが，翻訳辞書であることには変わりはありません。

　1920年頃に至るまで，ウェブスターのいろいろな版の辞書の発音表記が英和辞典に大きな影響を与えました。

　「平文辞書」（ヘボン辞書）の名で知られるヘボン（J. C. Hepburn）による『和英語林集成』（*A Japanese and English Dictionary; with an English and Japanese Index*）(1867) は，岸田吟香（キシダ・ギンコウ）の協力で作られた和英辞典ですが，巻末に英和の部があります。1872年（明治5年）増補版（*A Japanese-English and English-Japanese Dictionary*, 2nd ed.），1886年（明治19年）に再増補版が高橋五郎の協力で作られました。この辞書には英語の発音表記はありません。日本語の発音については解説があり，また長音記号（ ̄）などの補助記号が使われています。初版の「はしがき」（Preface）にあるように，日本在住の外国人（all foreigners in Japan）を念頭において作られた辞書としてごくあたりまえのことでしょう。

　柴田昌吉（シバタ・マサヨシ），子安峻（コヤス・タカシ）の『附音挿図英和字彙』（フオンソウズエイワジイ）(1873) はオグリビ（John Ogilvie）の『インペリアル辞典』（*The Imperial Dictionary*）や，同じくオグリビの『総合英語辞典』（*The Comprehensive English Dictionary, Explanatory, Pronouncing, & Etymological*）などを

基にしています。発音は『総合英語辞典』によっているということで，ウェブスター式とは若干異なるようです（この記述は，豊田實『日本英學史の研究』pp. 48ff., 小島義郎『英語辞書の変遷』p. 281, 早川勇『辞書編纂のダイナミズム——ジョンソン，ウェブスターと日本——』pp. 84ff., 早川勇『日本の英語辞書と編纂者』p. 35 などを参考にしています）。

　筆者は『附音挿図英和字彙』は未見ですが，小島義郎『英語辞書の変遷』(pp. 283f.) に写真があります。これを見ると，補助記号ではなく，見出し語の後に続けて（　）で発音表記をしています。Admission (ad-mi′-shon) のごとくです。

　島田豊『附音挿図和譯英字彙』(1888) はウェブスター式綴り字によって，見出し語に補助記号を与える方式で発音表記をしています。また，イーストレーキ・棚橋一郎『ウェブスター氏新刊大辞典和譯字彙』(1888) があります。文字どおり『ウェブスター大辞典』(*Webster's Unabridged Dictionary*) の翻訳であり，発音表記もウェブスター式の補助記号による方式です。尺振八（セキ・シンパチ）『明治英字辞典』(1889) は *National Pictorial Dictionary* をもとにしていますが発音表記はありません。

　島田豊纂訳，珍田捨己（チンダ・ステミ）校閲，ゼー・エム・ディクソン序，シイ・エス・イビー序『双解英和大辞典』(1892) は見出し語に補助記号を与える方式で発音を与えています。この辞書は *Webster's International Dictionary* の 1890 年版を基に，すべての語義の定義文をそのまま引用し，それに訳をつけた形になっています。筆者の手もとにはこの辞書はありませんが，小島 (p. 297) に写真があります。後にハートマン＆ジェームズ (Hartmann and James)『辞書学辞典』(1996) が「翻訳辞書」

(bilingualized dictionary) といったそのままの形をとっています。つまり，英英辞典のそれぞれの見出し語の定義をそのまま翻訳したものです。見出し語に日本語の訳語を与えるのではなく，定義をそのまま翻訳する方法は，まさに翻訳期の代表的な辞書ということができるでしょう。発音表記も，したがって，ウェブスター方式です。

この時期の英和辞典は，辞書を翻訳するという作業を通じて，英語と日本語を対照させ訳語を決定してゆきました。

1911-1926　日本人のための英和辞典

最初に英語を学ぶことを命じられたのは蘭語通詞（オランダ語の通訳）で，鎖国時代に西洋の言語として唯一研究が許されていた蘭語（オランダ語）を仲介に英語の理解が始まりました。理解が進むにしたがって，アメリカやイギリスの辞書を日本語に訳す力を蓄えてきました。そして，英語と日本語の対応関係を確立するという大きな役割を果たしてきました。

神田乃武（カンダ・ナイブ）・横井時敬（ヨコイ・トキヨシ）ほかの『新訳英和辞典』（1902）は専門語の訳語を数多く収録したという翻訳期の最後に当たる辞書です。

次の段階として，蓄積された英語の知識と経験をもとに，日本人にとってどのような情報が必要なのかが分かってきて，それを辞書に盛り込むという，いわば学習辞典的な要素を多分に備えた英和辞典が作られるようになりました。どの英和辞典も，現在の学習英和辞典にはとても及ばない収録語彙数ですが，日本人の英語学習者にとって必要な勘所を押さえた辞書が次々と出されるようになりました。それらの編者はいずれも，イギリスやアメリカ

に留学したり，日本でネイティブスピーカーについて英語を学んだりして，卓越した英語力を身につけた英語の達人でした。

　この時代の前半はウェブスター式と仮名表記で，後半は IPA の採用へと移ってゆきます。ウェブスター式と IPA のどちらを採用するかそれぞれに主張がありますが，ただ単に外国の辞書を翻訳するという時代を超えて，独自の方向を見いだしてゆく過渡期であったと言えます。

ウェブスター式と仮名表記

　入江祝衛（イリエ・イワエ）『詳解英和辞典』(1912)，神田乃武『模範英和辞典』(1911) とその改訂版『模範新英和大辞典』(1919)，井上十吉『井上英和辞典』(1915)，斎藤秀三郎『熟語本位英和中辞典』(1915) などがこの時代の代表的な英和辞典でした。この時代の発音表記は，最初はアメリカのウェブスター方式を基本にしたもので，綴り字に補助記号を加え，綴りのままでは発音表記できない，たとえば c の文字を /k/ の発音にするような場合はその部分を k に書き換えて表記するというような方法をとっていました。このような発音表記は IPA の導入まで続きます。

　筆者は，入江祝衛『詳解英和辞典』の発音表記と，ウェブスター『国際英語辞典』の 1900 年版 (*Webster's International Dictionary of the English Language*, Spring, Mass.: G. C. Merriam Company, 1900) の発音表記を比較し，それらが極めて類似していることを報告しました（小著「初期英和辞典の発音表記研究序説——辞書学的観点から」(2002b)）。

　問題は，ウェブスター式の補助記号式の場合にしても，それに

手を加えたものにしても，辞書の利用者が記号を見てその発音ができたかどうかという点です。

その事情は IPA の時代になっても同じことです。発音指導のできる指導者につくことのできない人たちのために，必然的に仮名による発音表記が工夫されるようになりました。

『模範英和辞典』とその改訂版『模範新英和辞典』は，独特の発音表記法を採用しています。この発音記号の体系は，後に『三省堂英和辞典』に引き継がれました。

『模範新英和辞典』冒頭の「凡例」で，「發音記號は従来の多くの英和辞典に使用せるものを基礎とし，成るべく記號を設くるを避け，記號の定まらざるものに對しては，センチュリ，スタンダード，ウェブスター及びオックスフォード英語辞書等の長所を斟酌して簡明なる記號を設けたり」として，*Webster's Unabridged D.*, *Webster's International D.*, *Webster's New International D.*, *Century D.*, *Standard D.*, *Cassell's Encyclopedic D.*, *Oxford English D.* で使用されている記号との比較表を掲げています（辞書名は原文のまま）。

このように，発音表記は折衷的なものにしたと述べていますが，『模範新英和辞典』の母音記号は，『詳解英和辞典』と同じく，綴りに補助記号を与えると同時に，できるだけ省略できるところは省略して，発音表記を（　）で示しています。

井上十吉『井上英和辞典』(1915) は独自の「發音符號」を用いています。academician は，a-cad″e-mi′cian (a-kad″e-mish′an) となっています。この辞書は，母音・子音という用語を用いてそれらの区別をしており，子音 26 個，母音 27 個の記号があげられています。

子音記号 26 個のうち ch はドイツ語の ich などの声門摩擦音を表します。n の上に・を置いた記号はフランス語の母音の後に現れる「鼻音化」の役割を果たしている音であることを表します。hw で wheel の /hw/ を表記していますが、今では /h/ と /w/ の組み合わせと考えるので、結局は英語音としては、23 個の子音記号を持っていることになります。church の ch のほかに、shall の sh, thing の th, that の th, vision の s の音を表す zh も二つの記号でひとつの音を表記しています。このような点を除けば、IPA を基本とする今日の英和辞典の発音表記に近い体系になっています。

『熟語本位英和中辞典』は、発音を見出し語の後にカナで示しています。ストレスの位置は綴りでは分綴の位置にストレス記号で示し、発音表記ではストレスのある音節全体を太字で示すという方式です。具体的には Dicʹtion·a·ry（ディクショナリィ）のごとくです。

冒頭の「發音符號」欄で發音符號と規約假名の対照表をあげています。綴りに補助記号を与えた「發音符號」をアルファベット順に配列し、それにカナ表記を対応させたものです。「規約假名」はもちろん、「發音符號」も、おそらく教育目的で独自に開発されたものでしょう。この辞書の発音表記の体系の詳細はやはり小著「初期英和辞典の発音表記研究序説——辞書学的観点から」に譲ることにします。

IPA の導入

ウェブスター式から IPA への過渡期についての以下の記述は、豊田實『日本英學史の研究』(pp. 169ff.) を参考にしているこ

とをお断りしておきます。

　明治43年（1910）に，岸本能武太『英語研究発音の原理』は，「発音の正確なる英語の需要」に応えるべく「ウェブスター式の発音符」（豊田（p. 140）のまま）を採用したと述べています。その著者は，「本書に於いて徹頭徹尾Webster式の発音法用ゐて近時発音学者間に用ゐられんとしつつあるPhonetic Alphabet 即ち「発音文字」を用ゐざる」理由を述べています。その理由は，アルファベットとは別の記号を覚えさせることは学習者の負担になるという点です。

　一方，岩崎民平（著）『英語発音と綴字』（1919）は積極的にIPAの使用を勧めました。また神保格（著）『邦人本位英語の発音』（1921），岡倉由三郎『英語発音小辞典』（1922），豊田實『英語発音法』（1922），市河三喜『英語発音辞典』（1923）と，次々にIPAを勧める著作が続きました。

　IPAでは，ストレス記号はストレスがある音節の前に置くことになっていますが，市河三喜『英語発音辞典』（1923）は，はじめて母音の上に置きました（この記述は，早川勇『辞書編纂のダイナミズム──ジョンソン，ウェブスターと日本──』p. 17 によります）。

　藤岡勝二『大英和辞典』（1921-1932）は2冊本ですが，第1分冊が出てから，関東大震災をはさんで第2分冊が出るまでに11年を要しました。第1分冊の序に，次のような記述があります。

　「すべて各國語の發音の表し方に就いては萬國音聲學協會（International Phonetic Association）で協定した記號が已に一般に認められてもゐるし，殊に英語に就ては，Paul Passy氏を始め，Daniel Jones氏等有力な專門家が，悉くその普及に力めているから，日本語對譯の英語辭書として，本書はまつさきにそ

れを採用して，從來多く Webster 式になつてゐるのを改めた。」

この記述をそのまま受け取ると，IPA を最初に採用したのは藤岡勝二『大英和辞典』ということになります。

筆者は未見ですが，神田乃武・金沢久『袖珍コンサイス英和辞典』(1922) も発音表記は IPA を使用しているということです。

このような背景には，ダニエル・ジョーンズ (Daniel Jones)『英語発音辞典』(*English Pronouncing Dictionary*, 1912) の出現があることは間違いないでしょう。理論的に IPA が良いといくら言っても，辞書編纂者はすべての語彙の発音を記号で与えなければならないのです。そのお手本の出現が以後の英和辞典の発音表記の方向を決定づけることになったと考えることができます。1920 年頃まで続いたウェブスター式の発音表記は，その後，日本ではほとんど顧みられることはなくなりました。

1927 年以降の英和辞典

『三省堂英和辞典』(1928) は，『模範英和辞典』(1911) を引き継いだために，発音表記はとても複雑なウェブスター式でした。その表記の複雑さのためか，改訂版が出ることはありませんでした。

その前年の岡倉由三郎ほか(編)『研究社英和大辞典』(1927) は IPA を採用し，その伝統は現在まで続いています。その発音表記をたどってみましょう。

　　　dic′-tion-a-ry [díkʃən(ə)ri]　(1st, 2nd eds. 1927, 1936)
　　　dic′tion-a-ry [díkʃəneri｜-nəri]　(3rd ed. 1953)
　　　dic·tion·a·ry [díkʃənəri｜díkʃəneri]　(4th ed. 1960)

dic·tio·nar·y [díkʃəneri | díkʃənrɪ, -ʃənərɪ] (5th ed. 1980)

dic·tio·nar·y /díkʃənɛri | díkʃənərɪ, -ʃ(ə)nərɪ/ (6th ed. 2002)

cowˈ-slip [káu-slip] (1st, 2nd eds.)

cowˈslip [káuslip] (3rd ed.)

cow·slip [káuslip] (4th ed.)

cow·slip [káʊslɪp] (5th ed.)

cow·slip [káʊslɪp] (6th ed.)

母音直上にストレス記号を置く方式は初版の時代から今まで変わることなく続いています。

三省堂編纂所『新明解英和辞典』(1939)は[muːn ムーン]のごとく，IPAとカタカナ表記を併用しました。記号は分かっても，実際の発音が分からないでは意味がないので，このような併用方式の必要性が生まれたのでしょう。これ以後も，いろいろに工夫した仮名表記が使われましたが，その代表的なものとして，市河三喜『英語雑考』(1947)に収録された英語発音の仮名表記の原則をあげておきます。もとは1935年に発表されたものの再録であるということで，『熟語本位英和中辞典』の発音表記に改良を加えています。

1. ティのように小字の添つたものは大字と熟して一音に発音される。
2. 平假名は日本語にない發音を示す。
    例　らゥ (love)，じーズ (these)，パーす (path)
3. ngの音を表すにカ行に゜を附けたものを使ふ（これは從來方言音を寫すに一部の人に用いられていたものであ

る）

　　例　king (**キ**ンｸﾞ), singer (**ス**ィンガー)

4. アクセントのある部分は黒字をもって印刷し，一音節の場合にもなるたけ示すこと。書く場合にはアンダラインを施すこと。
5. city (**ス**ィティー), Palmer (**パー**マー), similar (**ス**ィミらー) 等の語尾を長くすること。
6. 音と音の間に母音を挿入することを防ぐ為には便宜⌒を用いて二字をつなぐ。
　　例　フ⌒**ワ**ィル (while), ク⌒**ウ**ィック (quick), **エ**イッ⌒す (eighth), ク**ろ**ウ⌒ずズ (clothes)
7. [æ] 音を示す為にはカナの上に⌣をつける。ハ̆ット (hat), ファ̆ン (fan), カ̆ット (cat)

4　the の発音

　私の教える大学生は，ほかのことはともかく，定冠詞の the は母音の前では /ði/，子音の前では /ðə/ と，こだわりをもって発音します。どうして the にそのような 2 種類の発音があるのでしょうか。それは，母音の連続を避けるためです。"a" が母音の前では "an" となるのと基本的には同じ理由です。この "a/an" の入れ替えは，n の音を挿入して母音が連続するのを避けるためであることは先に見ました。歴史的には "an" がもとの形で，子音の前で "a" に弱化されたものであることも先に (第 3 章 2) 述べたとおりですが，現代英語の現象として見る場合は -n を挿入したと言っていいでしょう。

in America と an American とを比較してみると，いずれも n 音が A- の音と連結 (n-linking) を起こしています。日本語の観 (kan) + 音 (on) → kan'non や，因 (in) + 縁 (en) → in'nen (n' は撥音 (おしまいの「ん」) であることを表す) も同じ現象です。an の n 音はこのような現象を起こすために生き残ったものと考えられます。

　これも先にみましたが，古い英語の中では代名詞の所有格の mine, thine が母音の前に，my, thy が子音の前に来るのが一般原則とされています。歴史的に見ると thine, mine が先で，子音の前で次第に /n/ が落とされ，my, thy が使われるようになりました。ですが，古い英語の実際のデータを見ると，母音の前では thine, mine，子音の前では thy, my という使い分けは必ずしも守られる原則ではありませんでした。

　『オックスフォード英語辞典』の CD-ROM 版の検索では，19 世紀までの用例で，thine eye が 45，thy eye が 13 例，mine eye が 70，my eye が 100 例あります。このように，「原則」にはずれる例が多くあるのは，thy, my の母音が二重母音であり，接続の n 音が無くとも，容易に声門閉鎖音 (後述) を挿入することができるからと考えてよいと思います。だから thine が廃れ，mine が所有格の用法を失い，独立所有格の用法に限られるようになったのです。また，"and" は [n], [ən], [ənd], [ænd] などとして実現されます。もっとも弱音化された /n/ は cup and saucer, bread and butter などの成句の中で現れますが，このような場合でも "and" の /d/ だけが残ることはありません。それは，/d/ には /n/ のような接続音の働きがないからです。

　co-operate, geometry, reaction といった単語では，第 1 音節

が母音で終わり，第2音節は母音で始まります。つまり母音が連続することになります。これは発音しにくいので，通常，母音間に声門閉鎖音 /ʔ/ が入ります（ギムソン&クラッテンデン (Gimson and Cruttenden)『英語発音入門』(第5版), p. 155)。声門閉鎖音を挿入することによって発音を滑らかにするわけです。声門閉鎖音は声門（声帯を閉じて呼気に振動を与えたり，開いて呼気に振動を与えなかったりする。この呼気が通過する部分を声門という）を入れるためにはあいまい母音をより明瞭な母音にする必要があるのです。

　the apple, the orange といった句の発音を観察してみると，the の後に声門閉鎖音が挿入されていることが分かります。上に見たように，ウェルズ (Wells) の『ロングマン発音辞典』(第3版) の記述にも，声門閉鎖音が母音の連続を避ける方法になることが記されています。また，声門閉鎖音は hit などの語末の /t/ 音の異音として現れるほか，母音で始まる語は声門閉鎖音で始まるなど，英語では声門閉鎖音が現れることは珍しくありません。

　安井泉『音声学』(pp. 125f.) には定冠詞の発音について，上に述べた見解とは異なる見解が述べられています。それによると，"the" の本来の発音は音声的にみても歴史的にみても /ði/ であり，それが，子音の前では弱化されて /ðə/ と発音される。英語では一般に母音を連続させることを避ける傾向があり，母音の連続を避けるためには，母音と母音の間に挿入の [r] を入れる方法と，連結する母音に強勢を置いて母音連結 (hiatus) を形成させる方法がある。

　母音の前で /ði/ と強めに発音されるのは，母音連結を形成させるためであるという考え方です。この説には賛成しかねます。

第一に，/ðə/ が基本形で，子音の前では変化して /ði/ になるという考え方は議論の余地があります。歴史的な経過は別にして，現代英語の中で /ðə/ と /ði/ のどちらが基本形でどちらが派生形であるかということは，言語学的な説明の合理性の問題です。/ði/ のほうが頻度も低く，また，英語の基本的なあり方として母音の連続を避けるという原則に合うように，/ðə/ を明瞭な母音に変化させ，声門閉鎖音を挿入しやすくするという操作が行われていると考えれば /ðə/ が基本形であるということになります。子音の前に来ると母音が曖昧化されるという現象が英語の中に普通に存在するとは思えません。また，筆者のデータからみても，the が子音の前に来る場合，特に強意のためでなくとも /ði/ の発音が極めて普通に現れることには注目してよいと思います。

　第二に，歴史的に本来発音されていた語尾の綴り字の r (アメリカ英語ではこの音の発音が残っていることに注意) が linking 'r' として現れるということはよく知られていますが，たとえば，Cuba and the U.S. といった連続で，非標準的な英語では "and" の前に [r] 音が挿入される，いわゆる intrusive 'r' (侵入の 'r') という現象が起こります。このような本来ない音を母音間に挿入する発音を避けるために，むしろ声門閉鎖音を挿入すると考えるべきだと思います。

5　綴り字発音

　私は日本英語音声学会 (編)『英語音声学辞典』の「Spelling Pronunciation (綴り字発音)」の項で，「綴り字発音」を次のように定義しました。

often は t を発音しないのが正用法とされるが，綴りに合わせて /t/ の音を発音する場合があります。このように，正用法とされる発音ではなく綴りに合わせて発音することを「綴り字発音」と言います。

　英語の綴りと発音の関係が，他のヨーロッパの言語と比較しても複雑過ぎることはよく知られているとおりです。少し例をあげておきましょう。英語の c の綴り字は，force の /s/，cold の /k/，oceanの /ʃ/ の発音が対応します。ch の綴り字は，teacher の /tʃ/，school の /k/，avalanche の /ʃ/，Greenwich の /dʒ/ の発音が対応します。逆に，/uː/ の音は，food の -oo-，rude の -u-，do の -o の綴りによって表されます。

　このような複雑な綴りと発音の関係改善のために，綴り字改革も試みられましたが，結局はうまくいかないまま今日に至っています。そこで，逆に発音を綴り字に近づけようという傾向が生まれてきて，上記のように often はもともとは発音していた t の音が復活して /ˈɒft(ə)n/ のような発音がされることがあります。forehead も本来の /ˈfɒred/ から /ˈfɔːhed/ の発音が増加傾向にあります。

　私自身も学生の発音を訂正すると，その学生の発音がちゃんと辞書に書いてあることがあります。教師も昔自分が覚えた発音に固執していると，いつの間にか発音の変化に取り残されている場合があります。教材の発音は，事前に調べておくことが転ばぬ先の杖といったところです。近頃は電子辞書やパソコン上で音声を再生してくれるものが普及していますから，それを利用するのがいいでしょう。ただし，電子辞書はすぐに古くなりますから，英

6 relaxedly の発音

　-x で終わる動詞の -ed 形から派生した形容詞に，さらに -ly を付加した副詞形 fixedly, mixedly, perplexedly, relaxedly, unmixedly, vexedly は，いずれも -ly を付加する前の -xed の発音は /-kst/ ですが，-ly が付加されると /-ksɪdli/ の発音になります。『研究社英和大辞典』(第 6 版) は，これらの単語のうち unmixedly 以外はすべてその発音を表記しています。ただし，ここで /ɪ/ と表記した音は，同辞書では『ロングマン現代英語辞典』(第 5 版) と同様の /ə/ の上に /ɪ/ を重ねた独特の表記をしています。

　relax を例にとって，発音のメカニズムを見ておきましょう。/rɪˈlæks/ (ストレス記号は母音の上ではなく，音節の前に置いています) は無声子音で終わっていますから，付加した -ed の発音は /t/ となり，単語の発音は /rɪˈlækst/ となります。先にある無声子音の影響で無声化する現象は音韻論でいう「同化」現象の一種です。

　さらに -ly を付加すると，/rɪˈlækstli/ となるはずですが，それでは -kstl- という四つの子音が連続することになり，発音の便宜から母音を挿入して /rɪˈlæksɪtli/ になります。これを音韻論では「母音挿入」と言います。この有声の母音の挿入によって，後続の無声子音 /t/ が有声化 (これも「同化」の一種) され，/rɪˈlæksɪdli/ となります。

第5章

英文法の疑問

第1章で，英文法は広い意味で使う場合と狭い意味で使う場合があることを述べました。どちらの意味でとらえるにしても，一般的に言われている文法規則を一歩進めて考えたり，実際のデータを調べたりすると，その規則には例外がある，あるいはその文法規則が実態とはあっていないことが往々にしてあります。その具体例をいくつか，実際に即して考えてみましょう。

　本論に入る前に，議論のために使うデータについて一言。コンピュータが発達する前は，研究や調査のために使うデータ（用例）は，自分が集めた用例カードを利用したものでした。そのためには，たくさんの本や新聞，*Time* のような週刊誌を読んで，必要な部分を書き写したり，切り抜きをカードに張り付けたりしたものです。

　しかし，今では，多くの研究者はコーパスを使います。コーパスとは，言語（ここでは英語）のデータベースのことです。本や新聞，それに発話を文字化したものなど，いろいろな方法で集めた大量のデータをひとまとめにしてコーパスとして，それを検索ソフトで調べたいデータを抜き出すのです。

　中でも小学館コーパスネットワークで提供される British National Corpus (BNC) と WordBanks*Online* (WB) は，インターネットで居ながらにして必要なデータを取り出すことができます。契約が必要で，使用料を支払わねばなりませんが，用例を得るには極めて便利です。以下の議論には BNC と WB から得た用例を使います。また，場合によっては，Google などのサーチエンジンで，世界の英語の新聞などから得たデータを使う

こともあります。BNC と WB の名前は記憶しておいて下さい。

1　there's と数の一致

　日本語にはない一致（agreement）とか呼応（concord）と言われる文法現象は，英語学習の最初に学ぶので，往々にしてつまずきの原因になります。一致の根本原則は，ある名詞句を単数として扱うか，複数として扱うかの問題に帰着します。文法書や語法書にはいろいろなケースがあげてありますが，ここでは一般的ではないケースについて考えます。

　there 構文の一致の原則は，動詞の後の名詞句の数に一致して動詞の数が決定されます。(1a) では単数の a book だから is が選ばれ，(1b) では複数の books だから are が選ばれています。

(1) a.　*There is* a book on the table.
    b.　*There are* several books on the table.

しかし時に次例のように，there's に複数主語が呼応している場合があります。

　(2)　PHILLIPS:　Well, *there's a lot of political issues* in Florida, Everglades, coastlines, water quality.

(CNN Sunday Morning NEWS, 12, 2000)

(P: フロリダには政治問題がたくさんある。エバーグレズに，海岸線，水質など)

　この引用は CNN テレビで放送された発話を文字化したもので，トランスクリプトは 800 語余りですが，there's は上例以外

に次の六つがあります: There's very little / there's so many / there's a young guy / there's a lot of folks (2回)。there's の後に複数名詞がきたものは七つのうち四つです。

筆者は2002年の口語英語研究の論文「口語英語の文法特徴——LKL Corpus を使って (1)」の中で，CNN のラリー・キング・ライブというインタビュー番組のトランスクリプト3か月分の約60万語の小さなコーパスで調査した結果を報告しました。there's の全出現数が778で複数名詞をとった例が117，there is の全出現数が309で複数名詞をとった例が6, there was の全出現数が262で複数名詞をとった例が14となっています。there are は380例，there were は262例です。やはり there's は there are の代わりに使われることは特に珍しくないことが分かります。there's の後にきた複数名詞には次のようなものがあります: quite a few masters / some older ones / a lot of aspects / a lot of people / 12,000 enlisted families / many instances / others / choices / some questions。

縮約しない there is の後には複数名詞がくることはほとんどないことも確認できています。

EFL/TEFL のメーリングリスト englishforums (http://www.englishforums.com/) の書き込み (Nov. 16, 2003) に，次の例があります。

(3) "Who can explain to me why we sometimes hear "there's a lot of people" instead of "there are a lot of people", especially on films and some tv programmes? Can we accept it as correct informal lan-

guage?"

(特に映画やテレビ番組で,"there are a lot of people" と言わないで "there's a lot of people" と言うのを聞くことがあるが,その理由を誰か説明してもらえませんか。その表現は,くだけた言葉としては正しいと受け入れることができますか)

これに対するフォーラム参加者の反応は,最初は「複数名詞であれば there are となるべきだ」という否定的なものが多いのですが,結局は,「最近はよく見られる」という意見で決着がついたようです。中には,a lot of people の people が単一の集合としてとらえると単数扱いも可能だという意見もあります。しかし,a lot of people の場合はよいとしても,there's so many ... の場合には当てはまらない説明です。

there's が there are の代わりに使われることがあるという指摘をしている文献には,デクラーク (R. Declerck)『総合的英語記述文法』(p. 269fn.),バーチフィールド (R. W. Burchfield) の『ファウラー現代英語語法辞典』(there is, there are の項),セルシ・マーシア&ラーセン・フリーマン (M. Cerci-Mercia and D. Larsen-Freeman)『英文法書』があります。

リーチ&スバートビク (G. Leech and J. Svartvik)『コミュニカティブ英文法』(p. 298) は,次の (4),(5) の用例をあげています。

(4) *There's only four bottles* left. 〈informal spoken〉
 (あと4本しか残っていなかった)〈くだけた話し言葉〉
(5) *There's better things* to do than listen to gossip.
 〈informal spoken〉

　　　　（うわさ話に耳を傾けるよりもっとましなことがある）〈くだけた話し言葉〉

　この用例について，概略次のような解説があります（pp. 298-299）：「縮約形 there's は話し言葉の処理（speech processing）の中では単一不変の単位（unit）として振舞う。同様に，堅苦しくて「正しい」非縮約形の here are, where are, how are＋複数主語の代わりに，〈くだけた会話体〉では here's, where's, how's＋複数主語が使われる傾向がある。」

　カーター＆マッカーシ（D. Carter and M. McCarthy）『ケンブリッジ口語英文法』（p. 95）にも同様の説明があり，Here's your pens. や There's your pills. の用例があります。

　文献をあげることはこれくらいにして，なぜ there is/there are の区別が確実に守られないのでしょうか。

　話し言葉は，いわば時とともに左から右へと流れていきます。ところが，存在文の there は，数の一致が there＋be 動詞の後に来る名詞によって決まるという，時間経過に伴う流れとは逆の方向になっています。書き言葉で推敲ができる場合はいいのですが，早いスピードで話す場合は，これは大変不便な文法規則です。there is, there are, there was, there were などいろいろな形がありますが，もっとも頻繁に使われる現在形を there's に統一しておけば，随分と発話が楽になると考えていいでしょう。here's, where's, how's にも同じようなことが起こっているようです。here も where, how もそれぞれ主語が後続するために，be 動詞に影響を与える主語の数をあらかじめ考えて発話する必要がありますが，固定しておけば，発話が楽になると考えること

ができます。

　人は何事によらず，同じ結果が得られるのであればできるだけ楽をしたいものです。発話において楽をしたいという傾向を「言語経済の原則」（第3章3参照）と呼びます。その結果，いちいち文法規則を使って構成を考えなくてもいいようにイディオムにしておいて，それを覚えておけばスムーズに発話ができます。これが，イディオム化を起こさせる根本原理だと私は考えています。

2　I like an apple. はどうして総称にならないか

　確かに「私はリンゴが好きだ」の意味は I like apples. と言い，I like an apple. とは言いません。それはなぜか。答えは簡単，「a＋単数普通名詞」が総称的な意味をもつのは主語の場合だけだからです。I like a girl. はある少女を頭において，その子が好きであることを言っています。I like an apple. は，もし心を寄せているリンゴがあるならば，誰かに「私には好きなリンゴがある」という意味で使うことは可能でしょう。

　ここで，総称表現一般について考えてきましょう。可算名詞からなる名詞句の総称指示（generic reference）の用法は古くから次の三つの形式で表現されると言われてきました。(1) はクワーク『総合英文法』(p. 265) によります。

(1) a.　A tiger can be dangerous.　［a N 型］
　　b.　Tigers can be dangerous.　［Ns 型］
　　c.　The tiger can be dangerous.　［the N 型］

文法書では可算名詞からなる名詞句の総称指示はこれら三つの

表現法が可能であることで一致しています。しかし，総称の意味がこれら三つの形式で表されるということは，the tigers という特定のトラのグループを指す場合を除いて，どの形式の名詞句でも総称表現ができるというに過ぎません。可算名詞が文中に現れるためには，a tiger, the tiger, tigers, the tigers の四つの方法しかないからです。

money, water などの不可算名詞は無冠詞単数で使うことができ，これがまさに，総称の意味を表しています。Money is important. / Water is indispensable for human life. がその例です。可算名詞はその点では不便で，the tigers を除くいずれかの方法を選んで総称の意味を表現しなければなりません。

日本の文法書などは，総称の意味は名詞句の形式によって決まるものではなく，文全体の解釈の問題であるという点で一致しています（金口儀明『名詞・代名詞』，金口儀明『主題と陳述（上）』，井上和子ほか『名詞』，樋口昌幸『現代英語冠詞事典』など）。つまり，総称表現は文の解釈の問題なのです。

だからといって，(1) の三つの形式がいつも同じように使えるわけでないことも事実です。クワーク『総合英文法』が述べている (1) の三つの型の意味的特徴づけをみておきましょう。a N 型は「類の任意の代表 (any representative member of the class)」，Ns 型は「不特定の全体 (unidentified whole)」，the N 型は「典型的標本によって代表された類 (the class represented by its typical specimen)」と定義されています。

ここでは，この意味的特徴づけをもとに，a N 型は「一つ一つ」，Ns 型は「不定集合」，the N 型は「類」を表すと考えることにします。

上にあげた井上和子ほか『名詞』は，総称は意味の問題であり，統語的特徴ではないと言っています (p. 457)。総称が類全体をいうのですから，類をひとまとめにして単数扱いになるか，あるいは，類を構成する複数の構成員を反映して複数扱いになるはずです。ところが，統語的には，主語の形式によって単複両用の扱いになるにすぎない，というわけです。

確かに「総称」という言い方にこだわればそういう理屈になるでしょうが，三つの型はそれぞれに意味的な特徴をもち，それが容認度の差になって現れます。

クワークほか『総合英文法』(p. 282) は，次の (2) の例をあげています。

(2) a. *The tiger* is becoming almost extinct.
    b. *Tigers* are becoming almost extinct.
    c. *A tiger is becoming almost extinct.

(2c) は容認されません。a N は「類の任意の代表」の意味ですから，「トラの一頭一頭どれをとっても絶滅の危機にある」というのは確かに変です。

ヒューイングズ (M. Hewings)『実用高等英文法』(p. 90) に次の例があります。

(3) a. *The computer* has revolutionized publishing.
    b. *A computer* has revolutionized publishing.
(4) a. *The computer* is an important research tool.
    b. *A computer* is an important research tool.
    c. *Computers* are an important research tool.

(3a) は総称の解釈ができるが,(3b) はその解釈はできないと言っています。確かに出版界に革命を起こしたのは,コンピュータという類全体を言う (3a) であり,「コンピュータ一台一台」を言う (3b) ではありません。

「コンピュータは大事な研究道具だ」という意味は,類を言う (4a) でも,一台一台を言う (4b) でも,数学でいう不定集合の (4c) でも表すことができます。

ヒューイングズは (4a) の類例として (5) をあげています。

(5) a. *A corkscrew* is a gadget for getting corks out of bottles.
   b. *A garden* is there to give you pleasure, not to be a constant worry.

このような一般的性質を現す場合には,三つのどの型でも表現することができます。

では次の場合はどうでしょうか。

(6) a. *Corkscrews* come in various sizes.
      (栓抜きにはいろいろなサイズのものがある)
   b. ?*A corkscrew* comes in various sizes.
   c. ?*The corkscrew* comes in various sizes.

(7) a. *Gardens* are variously designed.
      (庭はいろいろなデザインのものがある)
   b. ?*A garden* is variously designed.
   c. ?*The garden* is variously designed.

(6),(7) はいずれも「(ワインの) 栓抜き」「庭」の多様性を述べて

います。述部が複数を前提とする叙述の場合は，主語は Ns がもっとも適切です。

(8) はどうでしょうか。

(8) a. *The whale* is a mammal.
(鯨は哺乳類である)
b. *A whale* is a mammal.
c. *Whales* are a mammal.

種を言う場合は，(8a) がもっとも普通ですが，(8b, c) も可能です。次の (9) の例では，(8) の場合よりさらに the N が適切です。

(9) *The lion* is a traditional symbol of England or Britain, suggesting that its people are strong and brave.

(『マクミラン英語辞典』(第 2 版))

(ライオンはイングランドあるいはブリテンの伝統的な象徴であり，国民が強く勇敢であることを表している)

一頭一頭のライオンでも，群れているライオンでもなく，ライオンの一般特性を述べているからです。

同じ総称といっても，個々を意識する場合は a N で，全体を意識する場合は Ns で，その一般特性を意識する場合は the N で表すことがもっとも一般的な使い分けです。次の例は，それぞれの特徴をよく表しています。いずれも BNC からの引用です。

(10) a. If *a horse* is not eating normally, and there is no known cause, its teeth should be checked.
(もし馬がいつもどおりに食べないと，そして特に理由が分からない場合，歯を調べるべきです)

b. *Horses* are individuals and cannot all be trained in the same way.

(馬はそれぞれ個性があり,すべてを同じように訓練することはできない)

c. *The horse* is large, relatively defenceless and, as the French would agree, delicious to eat: in other words, a prey animal.

(馬は体が大きく,比較的無防備で,フランス人なら同意するだろうが,おいしい。言い換えれば食用動物なのだ)

3 複数主語なのに補語は単数？

　主語が複数名詞の場合,We are students. のように補語も複数になります。これが主述一致の大原則です。ところが,主語が複数であるにもかかわらず補語は単数形になった例があります。

> One grower reported buyers asking questions such as "*Tomatoes are a plant*?" Indeed they are, and in the future we will grow more of them. Less than 1 percent of America now farms, but local farmers markets are the fastest growing part of the food economy, and in many areas the number of small farms is on the rise for the first time in a century.
> ("Who's Blogging: Links to this article," by Bill McKibben, *Washington Post*, Monday, June 23, 2008)
> ([野菜の高騰に伴って家庭菜園をするにわか農家が増えて,種業

者に基本的な質問をする］ある種業者は種を買い付けに来た人が，「トマトは植物ですか」というような質問をしたことを報告している。そう，確かにトマトは植物だし，将来トマトをもっとたくさん栽培することになるだろう。農業をするのはアメリカ人の1％以下だが，地域の農業市場は食物経済がもっとも成長している部分である。そして，多くの地域では小農家の数が過去100年来はじめて上昇に転じている）

上の引用文中で *Tomatoes* are a plant. は，主語が複数で，補語が a plant になっています。これは実は，We are students. のように主語と補語が数的に一致する場合とは異なり，補語の a plant は種類を表しています。しかし，*Tomatoes* are plants. とすることもできます。ここでの Tomatoes は総称です。前節で述べたように総称は the tomato でも表すことができますから，*The tomato* is a plant. も可能です。Is *a tomato a fruit* or *a vegetable*? / Is *a banana a fruit* or *a herb*? のように言うことも可能です。前節で述べたように，種としてのトマトを言うこのような場合は the tomato がもっとも普通です。

　複数主語に単数補語が呼応するのは，主語が総称を表す複数（これを「総称複数」といいます）の場合に限りません。They are a fool.（あの人たちはおろか者だ（＝They are foolish）。They are fools. とすることもできます）のように，主語の性質を表す補語は形容詞と同じ働きをしています。BNC から類例をあげておきます。

(1) *Bananas are a popular crop.*
　　（バナナは人気の作物である）

(2) ... we must remember that *cigarettes* are a drug ...

(タバコは薬物であることを忘れてはならない)

(3) ... *computers* are *a useful aid* in research ....
(コンピュータは研究に役に立つ補助器具である)

(4) *Eggs* are *a good source of protein* ....
(タマゴは良質の蛋白源である)

(5) *Elephants* are *a protected species* in Indonesia.
(象はインドネシアでは保護種である)

(6) *The Germans* are *a great people* ....
(ドイツ人は偉大な国民である)

(7) I know *the Japanese* are *a very clean race*, very keen on hygiene, ...
(日本人は清潔好きな人種で,衛生面にとても気を遣うことを私は知っている)

4 A and B each が主語になった場合の数

複数名詞句の後に each がきて,それが主語になる場合があります。この場合に,単数扱いか複数扱いか,揺れがあります。写真交換のホームページ Smugmug に掲載された二人の男性の写真 (2009/7/7) に (1) としてあげた説明がついています。

(1) Rohan Freeman and Jason Kosh on July 7, 2009. *Each are* completing a (sic.) Individual Timed Trial from Banff, Canada to the Mexican border on the Tour Divide Trail. Rohan started this trial immediately after completing a climb to the top of

Mount Everest.

(2009年7月7日のロウアン・フリーマンとジェイソン・コッシュ(の写真)。それぞれカナダのバンフからメキシコの国境までの北米大陸分水嶺道ツアーの個人タイム・トライアルで争っています。ロウアンはエベレスト山の頂上登山を終えてすぐにこのトライアルをスタートしました)

　この引用の中では each に are が呼応しています。each は単数扱いですから，is が呼応しなければならないところです。この場合，どうして複数扱いになっているのでしょうか。

　答えの前にもう一例みておきましょう。次の一節では H, Li, and Na each は水素，リチウム，ナトリウムの三つの元素の話をしているのですが，単数動詞 has が呼応しています。また，O, S, and those elements below each も同じく単数動詞 has が呼応しています。

(2) If you go down a column, each element has the same number of electrons in its outer orbit or shell. For example, *H, Li, and Na each has* one electron in the outer shell. On the other hand, *O, S, and those elements below each has* 6 electrons in the outer shell or 2 short of filling the outer shell with 8 electrons. The number of electrons in the outer shell determines the element's chemical properties.

　　　　　(*The School for Champions*. 元素の周期律表の解説)
(周期律表の縦の欄を下に見てゆくと，それぞれの元素は外軌道または殻に同じ数の電子を持っている。たとえば，H (ヘリ

ウム),Li(リチウム),Na(ナトリウム)はそれぞれ外軌道または殻に電子を一つもっている。他方で,O(酸素),S(硫黄)やそれらの下にある元素はそれぞれ六つの電子を持っている。言い換えると,外殻を八つの電子で満たすには電子が二つ不足していることになる。外殻の電子の数が元素の化学的性質を決定する)

　一般的に,A and B each が主語の場合,複数扱いが正しいとされます。バーチフィールド『ファウラー現代英語語法辞典』には,「複数代名詞の主語に each が続く場合は,(3)のように複数扱いであり,また,each が主語ではないが,(4),(5)のように主語の複数名詞・代名詞と同格の場合は,例外なく複数動詞が呼応する」という趣旨の記述があります。

(3)　*We each have* our own priorities.
　　　(私たちはそれぞれ自分なりの優先順をもっています)
(4)　*the three parties each have* a right to a confidential briefing
　　　(三者はそれぞれ部外秘の要旨説明を受ける権利がある)
(5)　*lettuces cost* 25 pence *each*
　　　(レタスは1個25ペンスだ)

しかしながら,BNC にも A and B each が主語になって,単数動詞が呼応している例があります。

(6)　Aruba and the Netherlands Antilles *each has* a Governor ....
　　　(アルバもオランダ領アンティルもそれぞれ総督がいる)

(7) The line-printer, dot-matrix printer and inkjet printer *each has* its own advantages.
(ライン・プリンターもドット・マトリックス・プリンター，インクジェット・プリンターもそれぞれに利点がある)

ある英和辞典には，この each を副詞扱いにして，「通例主語修飾（主語は複数）」の用法として，They each have [×has] their own room.（彼らはそれぞれ自分の部屋をもっている）の例をあげています。その辞書は語法解説でこの例を説明して，「複数主語の後にくる場合は each は副詞なので，動詞は複数主語に呼応する」としています。

この辞書はさらにさらに，次の記述を付け加えています。

> [A and B each と数]複数扱いがふつう：My brother and sister 〜 give freely to charity.（私の兄も姉もそれぞれ気前よく慈善事業に寄付する）。ただし，A, B を個々に見る気持ちが強いときは単数扱いすることがある：My brother and sister 〜 gives freely to charity.

この用法の each を副詞とすることで，each が動詞と呼応しない理由が簡単に説明できます。ですが，この each が副詞であるかどうかは再考の余地があります。

(6) を例にとると，each は主語の Aruba and the Netherlands Antilles と同格の代名詞と解釈することもできます。そうすると，同辞典の代名詞としての both についての説明で，*We both* have a drink. の both を主語の we と同格としていることと整合します。

また、each が副詞であれば動詞と呼応することはないわけですから、動詞が each に呼応した My brother and sister each *gives* freely to charity. の説明が難しくなります。each が主語と同格の代名詞であると考えると、話者の意識によって同格である X (my brother and sister) に呼応する場合もあるし、Y (each) に呼応する場合もあると説明できます。

5　代名詞の後方照応について

　代名詞は、既出の名詞句を受けるのが基本ですが、時に名詞句だけでなくもっと広く既出の内容を受けたり、状況を受けたりすることがあります。このように既出の何かを受ける用法を前方照応と呼びます。また、先に代名詞が出て、後で名詞句が出てくる場合もあります。これを後方照応と呼びます。学者によっては、既出のものを受ける代名詞が後に出てくるのが当然であるから「順行照応」と呼び、先に代名詞が出て後に名詞句が出る場合を「逆行照応」と呼ぶべきであるという主張をする人もあります。これは用語の問題にすぎず、ここでは、伝統的な前方照応、後方照応という用語を使います。

　照応関係は、教師が説明に苦労する問題のひとつで、説明のための一般的な規則をそれぞれに工夫していると思います。英語の一人称・二人称は、話し相手が目の前にいて話をしているのですから、特別な場合を除いては、照応関係は問題にはなりません。ここでは、照応関係が問題になる三人称代名詞について考えます。代名詞の照応は、文中だけではなく、文を超えた談話の中で考えることも必要です。

まず，日本で出されている文法書で，人称代名詞の照応関係について比較的分かりやすい記述がある参考文献には，斎藤武生・安井泉『名詞・代名詞』(pp. 140ff.)，安井稔(編)『例解現代英文法事典』(pp. 74-77)，吉田正治『続・英語教師のための英文法』(p. 148ff.)，神崎高明『日英語代名詞の研究』(p. 89ff.) などがあります。

　(1a) のような場合，John は his を受けていなければならないということではない (John 以外の人を受ける場合は，文を超えた文脈の中から補う必要がある) ので，him は John とは別人でもよいことになります。そのことを [　] の中に示しました。°John = his は John と his が同じ人である場合に英語として容認されることを，°John ≠ his は John と his が同じ人である場合に容認されないことを表します。

　(1b) では he は後方に来た名詞 John を受けることはできないので，この文が成り立つには he は John 以外の人である必要があります。それを [　] の中に示しました。*he = John は he が John と同じ人の場合は容認されないという意味です (訳は省略します)。

(1) a. John loves his mother.　[°John = his/°John ≠ his]
　　b. He loves John's mother.　[*he = John/°he ≠ John]
　　c. John's mother loves him.

　　　　　　　　　　　　　[°John = him/°John ≠ him]
　　d. His mother loves John.　[*his = John/°his ≠ John]

　(1) のすべての用例は，前方照応の原則に合っているものは容認され，合っていないものは容認されないということを示してい

ます。

　ただ一点，My mother loves me. は my = me であるのに問題ない文であるから，(1d) で his = John の場合も容認されるのではないかと考える人もあるかもしれません。着眼点は面白いですが，一・二人称の場合と三人称の場合とは別に考える必要があります。

　すでに述べたように，普通は一人称・二人称は話し手・聞き手であり，前方にも後方にも指示対象が存在する必要はありません。My mother loves me. の場合，確かに my = me ですが，my を me が受ける照応関係になっているわけではありません。my, me それぞれが，文脈外にある「話し手＝私」という人物に対応していると考えるのが適切です。

　それでは，後方照応と言われる例について考えてみましょう。一つの文内で後方照応が可能になるためには，「指示対象が構成構造上，上位の位置になければならない」(クワークほか『総合英文法』(p. 352)) というのが一般原則です。これを分かりやすく言い直すと，上記の『名詞・代名詞』(pp. 140ff.) に述べられているように，指示対象 (たとえば John という人の名前) が主節にあり，それを従属節あるいは副詞節の中の代名詞が受けるような場合のことです。(2) がそれに当たります。

(2) a.　Near him, Dan saw a snake.
　　　　[°him = Dan/°him ≠ Dan]
　　　　(ダンは自分の近くに蛇を見た)
　　b.　After she woke up, Masako went to town.
　　　　[°she = Masako/°she ≠ Masako]

(マサコは目を覚ますと町に出かけた)

もちろん，これらの文も副詞句・従属節を後ろにもってきても問題はありません。

(3) a. Dan saw a snake near him.
       [°Dan = him/°Dan ≠ him]
    b. Masako went to town after she woke up.
       [°Masako = she/°Masako ≠ she]

(2) の語順で，代名詞と名詞を入れ替えた場合にはどうなるでしょうか。前方照応関係のほうは容認されないとされています（『例解現代英文法事典』pp. 75–76 など）。

(4) a. Near Dan, he saw a snake.
       [*Dan = he/°Dan ≠ he]
    b. After Masako woke up, she went to town.
       [*Masako = she/°Masako ≠ she]

(5) のような，名詞句の一部になった代名詞も後方照応が義務的になります。(5) はハドルストン＆プラム『ケンブリッジ英文法』(p. 1478) によります。

(5) a. We told his wife that Frank would be travelling on the later flight.　[°his = Frank/*his ≠ Frank]
       (私たちはフランクの妻にフランクは後のフライトに乗るだろうと伝えた)
    b. The repeated attacks on him had made Max quite paranoid.　[°him = Max/*him ≠ Max]

　　　　　（マックスは繰り返し攻撃を受けたので被害妄想になっていた）

　このほかにもいくつか後方照応が行われる場合がありますが，問題が複雑になるだけですので，ここでは触れません。関心のある方は，ハドルストン＆プラム『ケンブリッジ英文法』(pp. 1480ff.) を参照してください。

　それでは，なぜ従属節・副詞句・名詞句の中の代名詞は後に来る主節の名詞（句）を受ける後方照応のほうが普通なのでしょうか。

　文には中心になる部分と従属的な部分があります。一般に主節が中心になる部分であり，従属節・修飾語句は従属的な部分です。中心的な部分が照応関係の中心になる，すなわち，従属的な部分が中心的な部分に存在する指示対象に照応すると考えることができるということです。このような文法関係が照応関係を決定する要因であるために，従属的な部分が中心になる部分の前に出てきても，照応関係には変わりがなくなると考えることができます。

　she thinks, she realized などといった主節が that 節を従える場合，情報的にはどちらかと言えば that 節の中身のほうに重点があります。しかし，(6) に見るように，やはり主節が文の中心的な部分であり，照応関係からいっても，主節に指示対象部分があり，従属節の中に照応する代名詞が来ます。

(6) a.　She thought Ann couldn't win.
　　　　[*she = Ann/°she ≠ Ann]
　　b.　Ann thought she couldn't win.

[°Ann = she/°Ann ≠ she]

それでもなお，この説明では十分説明できない事実があります。『名詞・代名詞』(pp. 143-144) に，主語が不定代名詞(句)の場合は (3) と同じ語順しか許されないと述べられています。そのことを (7), (8) に示しました。

(7) a. After he came in, somebody sat on the bench.
  [*he = somebody/°he ≠ somebody]
 b. When he gets up, each man goes to church.
  [*he = each man/°he ≠ each man]
(8) a. Somebody sat on the bench after he came in.
  [°somebody = he/°somebody ≠ he]
 b. Each man goes to church when he gets up.
  [°each man = he/°each man ≠ he]

この現象は，上に述べた説明に反することになります。しかし，考えてみれば，(7) の例の場合，不定代名詞だけの問題ではなく，a man, a woman などの不定名詞句一般に共通の問題なのです。(7) の不定代名詞に a man を置き換えると，容認度の判定は同じ結果になります。

(9) a. After he came in, a man sat on the bench.
  [*he = a man/°he ≠ a man]
 b. When he gets up, each man goes to church.
  [*he = a man/°he ≠ a man]

これはなぜなのでしょうか。he, she のような人称代名詞は，言

語表現としてそれらが受ける a man, a woman などの具体的な指示対象となる名詞句が必要です。一方，不定代名詞 (indefinite pronoun) は言語表現内に指示する対象は必要ありません。つまり，言語内に受けるべき対象をもたずに someone, somebody を使うことができます。人称代名詞が言語内の既出の表現に照応するのに対して，不定代名詞は不定名詞句と同じく，現実世界の何かを指示しています。不定代名詞も不定名詞句も，談話内に初出であることが出現の条件です。だから，代名詞の照応関係だけの問題ではなく，不定代名詞も不定名詞句も既出の名詞句を受けることなどそもそもありえないのです。

6 関係詞

6.1. a case, a situation を受ける関係詞は when か where か

次の引用例では cases を where が受けています。

> Power plants and other industries in the United States produce more than 136 million tons of ash and other coal combustion byproducts every year. Most of that is dumped in dry landfills or in far riskier storage ponds, also called surface impoundments, like the one at Kingston. The agency has identified at least 71 *cases where* coal ash leaking from dump sites contaminated nearby ground- or surface water.
> ("E.P.A.'s Plan to Regulate Coal Ash Draws Criticism," by SHAILA DEWAN, *New York Times*, May 4, 2010)

(合衆国の発電所やその他の産業は，毎年1億3千6百万トンの灰やその他の石炭燃焼副産物を作り出している。そのほとんどは，土地の埋め立てか，それよりはるかに危険度が高い，キングストンにあるような貯蔵池，別名，地上埋設所に捨てられる。局は，埋立地から漏れ出した石炭灰が地下水や地表水を汚染しているケースを71か所確認している）

case を先行詞とする関係副詞は where になるのでしょうか。英和辞典を見ると，中に where を使った例があります。

(1) There are many cases *where* our discussion degenerates into an exchange of insults.
（私たちの議論が堕落して悪口の応酬になってしまう場合がよくある）

英米の学習英英辞典を含めて，多くの辞書は case が先行詞の場合，関係副詞は何になるかというようなことは記述されていないようです。

市川繁治郎（編）『新編英和活用大辞典』に，There are not a few cases *in which* ... の例があります。in which は時（たとえば time），状況（たとえば situation），様態（たとえば manner）など，どの場合にも使える汎用性があり，when か，where か，how か（ただし，今は *the manner how は使わないとされています）判断に困った場合は in which にすることが無難です。

さて，case を先行詞とする関係副詞を数えてみると，BNC では where が1417例，when が216例です。WB では where が279例，when が57例です。いずれも where が when よりも5

倍から7倍多いといったところです。では、なぜwhereのほうが普通に使われるのでしょうか。それはcaseが「時」とは関係のない、「状況」(situation)の意味だからです。whereは先行詞が「場合，状況」に、whenは「時」に使うことはその本来の意味から分かります。

英語を母語としないわれわれにとってはcase, situation; time, occasionを並べると、どれも「場合，状況，...の時」などという訳語になってしまうので、意味の違いが分かりにくくなります。これらの中でcaseとsituationが「状況」の意味の類義語であり、occasionとtimeが「時」の意味をもつ類義語です。おそらく英語を母語とする人たちはcaseがtimeあるいはoccasionの類義語とは思わないでしょう。「状況」の意味か、「時」の意味かによって関係副詞の選択が異なってきます。

BNCとWBを使って、後続の関係副詞にwhereが来た場合とwhenが来た場合の場合を数えてみると、次のようになります。

	case		situation		time		occasion	
	where	when	where	when	where	when	where	when
BNC	1417	216	990	79	42	3960	69	713
WB	279	57	431	44	64	2246	34	238

この表で、特にtimeですらwhereが後続する場合があることに注意しておきましょう。理屈の上では、「状況」を表すcaseやsituationはwhere、「時」を表すtime, occasionはwhenが正

しいということになるでしょう。しかし，実際の言語活動では，when/where には揺れがあり，理屈で考える規則を厳格に守っているわけではないことが分かります。

したがって，可能性としては cases when もあり得ることが分かります。コーパスに例があるのだから正用法ではないか，という考え方もあるでしょうが，外国語として使ったり，あるいは教えたりする場合は，when は避けたほうがいいと思います。もちろん in which は問題ありません。case(s) in which は BNC では 474 例，WB では 95 例あり，where と when の中間的な数になっています。

6.2. the house whose roof …

日本の英語教育の場では，関係代名詞の whose は，人以外に物にでも使われるとされ，例文として The house *whose* roof is red is mine.（赤い屋根の家は私の家です）やそれに似た例が使われます。ところが，中高の英語の授業に派遣されてくるネイティブスピーカーの中にはこの例文はおかしいので，The house with a red roof is mine. のように whose を使わないほうがいいと言う人がいる，とあるメーリングリストで報告されています。そこで，この種の whose の用法を再検討してみましょう。

The house *whose* roof is red is mine. という表現がおかしいのか，それとも，whose を物を先行詞とすること自体がおかしいのか，ということを分けて考える必要があります。

まず物を主語とする whose の用法を BNC で調べてみましょう。具体的な例として house whose の例を検索すると，かなりの数を見つけることができます。そのうちいくつかをあげておき

ます。

(1) …; across the garden is a dark old *house whose* mysterious goings-on intrigue her.
(庭の向こうに黒い古い家があり，その神秘的なたたずまいが彼女の好奇心を刺激する)

(2) … Home was in Peckham, in the shabby *house whose* light spilled each evening out onto the street.
(ホームはペッカムに居た。そのみすぼらしい家の明かりが毎晩通りにもれ出た)

このような例から分かるように，a house whose … のような，物を先行詞とする関係代名詞 whose は実際に使われます。

次に辞書を見てみましょう。(3)(4) は『ケンブリッジ上級学習者辞典』(第3版)，(5) は『ロングマン英語と文化辞典』(第3版)，(6) は『ロングマン上級アメリカ英語辞典』(第2版)から。

(3) They meet in an old *house whose* basement has been converted into a chapel.
(彼らは古い家に集まる。その家の地下室は礼拝堂に改装してあった)

(4) Fraud detectives are investigating the *company*, three of *whose* senior executives have already been arrested.
(フロードの刑事たちはその会社を捜査している。その会社の上級役員のうちの三人はすでに逮捕されている)

(5) a new *computer, whose* low cost will make it very

attractive to students

(新しいコンピュータの低価格が学生にはとても魅力的になるだろう)

(6) They stayed at *the Grand Hotel*, *whose* staff was always welcoming.

(彼らはグランド・ホテルに滞在していた。そのホテルのスタッフは常に来客を歓迎した)

このように，関係代名詞 whose が物を先行詞にとることができることは明らかです。ただ，上の引用例はすべて書き言葉です。そのことが The house whose roof is red is mine. のような日常的な内容の表現の中で，書き言葉の whose を使うことが不自然さを感じさせる原因でしょう。whose のような堅苦しい関係代名詞を使うよりは，with a red roof とするほうが自然に聞こえるということは当然と言えます。

7 where your head is at ── 冗漫な前置詞？

映画 "Mr. and Mrs. Smith" の予告編のスクリプトを見ていると次のような表現がありました。

Eddie: This broad is not your wife. She's the enemy.
John Smith: She tried to kill me.
Eddie: They all try to kill you; slowly, painfully, cripplingly ... How you gonna handle it?
John Smith: I'm gonna borrow this.
Eddie: I like *where your head's at*.

状況は Eddie という男が Mr. Smith に Mrs. Smith 暗殺をけしかけています。I'm gonna borrow this. は Eddie のところにある武器を指して「これを借りて行くぜ」と言っているところです。その後の Eddie のせりふはどんな意味でしょうか。また、Where は副詞ですから Where is your head? で十分なはずですが、どうして at が使われているのでしょうか。このような点を考えてみましょう。文脈から見ると、「あなたの心がどこにあるのか」「あなたが何を考えているのか」「(正確な)あなたの心の在りか」(「正確な」は、後で述べるように、at の存在によります)といったような意味です。インターネットで見ると "Where your head's at?" という題の曲もあるようです。類例によって意味をさらに検討してみましょう。

(1) "Where are you?" That's all you care about; you don't care about *where my head's at*, only my body.

(BNC)

(「君はどこにいるのだ」あなたの関心事はそれだけだ。私の心がどこにあるのかには関心がなく、ただ私の肉体がどこにあるのかだけにしか関心がない)

(2) I love melody, and I do know what he means by melodies can be a bit embarrassing, but you know it depends *where your head is at*. The Beach Boys' harmonies are so cheesy but so perfect at the same time.

("Can you keep up with Autechre?" *Japan Times Online*, Friday, Nov. 25, 2005)

> (私はメロディーが好きだし，彼が言うメロディーはちょっとがっかりだということも分かっているが，それも自分の頭がどこにあるのかによるのだよ。ビーチ・ボーイズのハーモニーは安っぽいが同時に本当に完璧でもある)

このような例を見ると，head の意味は "mind" と同義語で，「心の在り処」「何を思っているか」という意味であると考えていいでしょう。

次に，at について。「あなたはどこにいるのですか」の意味を表すには Where are you? となりますが，Where are you at? ということもあります。この二つの表現は意味的に，at を使ったほうが正確な場所を聞いています。インターネットで用例をみてみましょう。

(3) "... Hey, I don't see your ugly face on the screen ... *where are you at*?" "I'm in a cab, going to my new place. And I don't have a cam installed on my portable computer. This city," I said as I looked through the window at the scenery, ... "is ... huge."

この例は，普段はパソコンで画像を使った通信が可能な人たちの会話で，およその意味は以下のとおりです。「お前のきたない顔がスクリーンで見えない。お前は一体どこにいるんだ」「タクシーだよ。新居に行くところだ。カメラソフトがパソコンにインストールしていなくてね。この町は」と窓の外の景色を見ながら私は言った。「大きいね」

(4) The Operator said, "It's ok just calm down.

What's your name, and *where are you at*?" Jon said, "My names (sic.) Jon Delaney. We're at the Delaney Ranch on 557 Prospector Road. Please hurry."

怪我をした見知らぬ少女の救助を求めて，911に電話をし，交換手が対応しているところ。交換手は「(怪我をした少女の名前は分からなくていい。)落ち着いて下さい。あなたの名前は？ 正確にはどこにいますか。」ジョンは言った。「名前はジョン・デラニーです。」といった会話になっています。救急車が急行するためには，正確な場所を知る必要があります。at はその正確さを求める意味をもっています。

8 一見破格？

8.1. Whose job it is to know … ——無用の it？

(1) Sometimes, a company will reach out to rulers of oil-rich states on its own, negotiating and striking deals with them through official emissaries. More often, though, a company will instead work through men like Calil and Eronat: independent fixers, *whose job it is to know* the leaders and other government officials for whom oil serves as both piggy-bank and "political weapon."

(*Harper's Magazine*, March, 2009)

(時には，会社が独自に石油で豊かになった国々と接触し，公

式の特使を通じて交渉をしたり契約を結んだりする。しかし，もっと頻繁に，カリルやエロナットのような男たちを通じて仕事をする。彼らは独立したフィクサーであり，石油が貯金箱にもなり「政治的武器」にもなる指導者や他の政府高官と知り合いになりことが仕事だ)

イタリック体の whose job it is to know は，it がない whose job is to know ... だけでいいように思えます。この it の有無は構造と意味にどのような関係があるのか考えてみましょう。

　渡辺登士 (編)『英語語法大辞典』(第 4 集) (pp. 791f.) でこの問題が扱われています。そこには，it のある形とない形はもとの形が異なっているという趣旨です。そこには it のある例とない例があげられてるので，1 例ずつ引用します。

(2) ... the four or five officers *whose duty it was* to weigh and measure the information received from our Observer Corps.
　　(われわれの監視団から受け取った情報の重要度をいろいろな角度から判定する仕事をする 4, 5 人の将校)

(3) A letter *whose aim is* to fulfill a social obligation fails completely when it arrives late.
　　(社会的な義務を果たす目的の手紙が遅れて届くと完全に意味がなくなる)

『英語語法大辞典』に書かれている趣旨は筆者も正しいと思います。(1) を使って，簡単にしてみましょう。(4) が it がある場合のもとの形，(5) が it のない場合のもとの形です。

(4) It is their job to know leaders and other government officials.

(5) Their job is to know leaders and other government officials.

これらの their を関係詞 whose に変えて接続すると whose job it is to ... / whose job is to ... となります。

 (4) の構文と (5) の構文の両方をとることができるのは，desire, hope, intention, likelihood, plan, proposal, responsibility, role, task などです（小著『英語の文法と語法——意味からのアプローチ』, p. 202）。筆者は (5) のような構文で使うことのできる名詞を「トピック名詞」と呼びます。

 (4) と (5) の構文のどちらが普通に使われるかということはなかなか難しい判断ですが，やはり，文頭に重い名詞を置く (5) よりは，軽い代名詞 it を置く (4) の構文のほうがよく使われると思います。

8.2. 二重属格と this our time の語順

 大学院の授業で，学生が読んでいた本の中の表現について質問がありました。「コーパス言語学の本の中のインタビューで，ウルフギャング・テューバート (Wolfgang Teubert) の問いに答えたジョン・シンクレア (John Sinclair) の発言の中に，that our own work という部分があります（(1) の JS の発話の冒頭で，イタリックにしています）。Determiner（限定詞）を重ねて用いることは学習文法では禁止されていると思いますが，普通に起こるのでしょうか」という問いです。

第5章 英文法の疑問　113

(1) WT: …. What was so special about the way you conducted your project that it really brought about a change in our views of language, particularly on the relation between grammar and lexis?

JS: *That our own work* grew to be what is now usually called, in Elena Tognini-Bonelli's terminology, "corpus-driven" rather than "corpus-based", ….

(R. Krishnamurthy (ed.) (2004) *English Collocation Studies: The OSTI Report.* John Sinclair, Susan Jones and Robert Dailey. London: Continuum. p. xviii)

(WT: あなたが取り組んだプロジェクトの方法の何が特別であったから，言語についての考え方，特に文法と語彙論との関係についての考え方に実に大きな変化をもたらしたのでしょうか。

JS: われわれ自身の仕事が今普通に言われる，エレナ・トグニニ・ボネリの用語を借りると「コーパス基盤型」ではなく「コーパス駆動型」に成長したことです)

訳ですでに答えは出しているのですが，この that our own work は限定詞 that と our が重なったものではありません。our はもちろん限定詞の一種である所有代名詞ですが，that は接続詞であって，WT の問いの冒頭部分 what was so special に答えたもので，(What was special was) that … の (　) の部分が省略されています。

WT の問いの発話は，so ... that という相関接続詞になって，「何がそれほど特別で that 以下の結果になったのか」という構造です。JS の答えは「特別だったのは corpus-driven だったことだ」となっています。

このように，表面上の形だけを見ていると本質を見失うことがあります。BNC を調べると，this our の連結が 33 例あります。ですが，用例の意味を考えずに表面上の形だけにとらわれるととんでもないことになります。(1) と類似の例を引用します。

(2) The Primary Control is the main reflex in the body. It is situated in the area of the neck and governs all the other reflexes of our body. Because of *this our* extremely complex mechanisms become comparatively simple to organize.

（第一次統御とは身体の主要な非随意筋である。それは首のあたりの領域に位置し，われわれの身体のその他の非随意筋のすべてを支配する。原初統御があるために極めて複雑なメカニズムが比較的組織しやすくなる）

(2) のイタリック体は (1) のイタリック体と同じで，一見 this our ... となっていますが，構造的には [because of this] [our extremely complex ...] となることは，訳をみれば分かるでしょう。コーパスから得た用例は，意味をとるのが難しいことがよくあるので注意しなければなりません。

BNC に this our の連続が 33 例あると言いましたが，よく見てみると，大半が (2) に似た，別の構造をしています。

BNC から，本当の二重に限定詞を使った例をあげておきます。

(3) Look to it, it, on *this your* glorious second birthday.
(君のこの栄えある 2 回目の誕生日に，そのことに気をつけて)

(4) I think *this your* woman goes here and all.
(この君の女性がここにやって来さえすればいいんだ)

(3), (4) は，それぞれ，this glorious second birthday of yours, this woman of yours となるはずです。しかし，(3), (4) のように，限定詞を二重に重ねる例はよく見かけます。これが最近の傾向であるかどうかはよく分かりませんが，シェイクスピアの時代から見られる表現形式で，18, 19 世紀の規範文法の中で誤りとされてきたと思われます。

ただし，実例はありますが，学習文法での規則を守って，限定詞を重ねる用法は避けたほうがいいと思います。なお，筆者は『英和辞典の研究──英語認識の改善のために』(pp. 234ff.) でこの問題について論じていますので，参考にしてください。

9 助動詞 would と used to の「運命」の用法

(1) On May 28, 1977, one of the deadliest fires in the U.S. broke out at a place called the Beverly Hills Supper Club .... (中略) Before the night was out, the flames *would* tear through the Beverly Hills, led by a rolling advance of smoke. There were nearly 3,000 people packed into the sprawling club on that Saturday night. All told, the fire *would* kill 167 of them.   (*Time*, June 23, 2008)

(1977年5月28日，合衆国の最悪の火事のひとつが，ビバリー・ヒルズ・サパー・クラブと言われる場所で発生した。夜が明けないうちに，炎は渦巻く煙の後からヒバリー・ヒルズ一体を壊滅させることになる。その土曜の夜に3千人近くの人々が奔放なクラブにひしめきあっていた。3千人近くのうちの全部で167人が火事で死ぬことになる）

(2) Rings of gold were the most highly valued by wealthy Egyptians, and later Roman. Among numerous two-thousand-year-old rings dug out at the site of Pompeii is one of a unique design that *would* become popular throughout Europe centuries later, and in America in the '60s and '70s. That gold marriage ring which has survived to this day (of the type now called a friendship ring) has two carved hands clasped in a handshake.

In earlier centuries, a ring's design often carried meaning. Several Roman bands which exist today bear a miniature key on them. Not that the key sentimentally suggested a bride had unlocked her husband's heart. Rather, it symbolized a central principle of the marriage contract: that a wife was entitled to half her husband's wealth, and that she could, at will, help herself to a bag of grain, a roll of linen, or whatever rested in his storehouse. Two millennia *would* pass before that civil attitude would reemerge.

(専修大学入試問題)

(1), (2) の引用中のイタリック体の would は,『ロングマン上級アメリカ英語辞典』(第 2 版) が "*written* used to talk about a time that was in the future at the past time you are talking about, but is now in the past"(文語: 発話している今から見れば過去の出来事だが, その出来事が起こる前に視点を置いて, その出来事を未来のこととして述べる用法) と説明するもので, 次の例があげられています。

(3) I would later realize that this was a mistake.
   (これは誤りであることを後になって気付くことになる)

クワーク『総合英文法』(pp. 218f.) は "Future in the Past" の節を設け,「過去における未来」を表す方法として, would, be going to, 過去進行形, be to, be about to をあげ, would を使った例として, (4), (5) をあげています。(5) では would と was to が置き換え可能であることを示していますが, それについては後で触れることにします。

(4) The time was not far off when he *would* regret his decision.
   (彼が自分の決断を後悔する時が来るのはそれほど先のことではなかった)

(5) Few could have imagined at that time that this brave young officer was *to be* / *would* be the first President of the United States.
   (当時, この若い将校が合衆国最初の大統領になると想像したできた人はほとんどいなかった)

リーチ＆スバートビク『コミュニカティブ英文法』(p. 81) も「過去において実現した未来 (the fulfilled future in the past)」の意味を表すために，was/were to と would が使われることがあるが，まれで文語的であるとして (6) の例をあげています。

(6) After defeating Pompey's supporters, Caesar returned to Italy and proclaimed himself the permanent 'dictator' of Rome. He *was to* pay dearly for his ambition in due course: a year later one of his best friends, Marcus Brutus, *would* lead a successful plot to assassinate him.

(ポンペイの支持者を打ち破った後，シーザーはイタリアに戻り自らをローマの永久「独裁者」と宣言した。彼はやがて自分の野心に対して高価な代償を支払うことになった：1年後，彼の親友の一人マーカス・ブルータスの主導でシーザー暗殺の筋書きを成立させたのだった)

以上のような文献の記述を参考にして，問題の (1) (2) に現れた would について考えてみてみましょう。

(1) は，「夜が明けないうちに，ビバリー・ヒルズを炎が荒れ狂うことになった」という意味で，話し手がまるで炎が荒れ狂うことを予測したような言い方になります。(1) の二つめの would も，「168 人もの死者を出す」という，あたかも話し手が予測したような表現です。

(2) の文章は全体として，結婚指輪の起源と意義を述べています。前半は，ポンペイで発掘された 2000 年前の結婚指輪には，後にヨーロッパや 1960 年代，1970 年代のアメリカで流行ること

になる握手をした二つの手が掘り込んである。古い時代の結婚指輪を見て，まるでその時代から，今の時代に流行ることになった指輪の模様の復活を予測するような表現です。

　後半は，ローマ時代の結婚指輪は，小さな鍵が掘り込んである。この鍵は，夫の心の鍵を開けたというようなセンチメンタルな意味ではなくて，結婚契約の一番の基本を表す。その基本とは，夫の財産の半分は妻のものであり，夫の倉庫の中にあるものは穀物の袋であろうが，夜具であろうが何でも自由に使ってよい，というものである。すなわち，財産への自由な接近を保障する鍵なのだ。そういう結婚に対する文明化された考え方が長い間失われてきたが，2000年後の近年になってやっと文明化された姿勢が復活することになったのだ，というわけです。would を使うことによってまるで予言をしているような言い方になっています。

　civil attitude は，ここでは「文明化された（結婚に対する）態度」ということです。civil attitude は「腹がたってもストレートにそのまま怒りをぶつけるような態度をとらない態度」というような意味でも使われますが，ここでは，2000年前は uncivilized と思われがちな時代でも，結婚の契約は civil attitude だったのだ，というわけです。

　さて，(5) の例でふれましたが，この would と同じような意味で was to / were to も使われます。いわゆる「運命の be to」と言われるものですが，本質的には「運命」ではなく，結果をすでに見たうえでまるで過去の時点で予測を立てたような表現にする効果があります（拙著『ネイティブの直観にせまる語法研究――現代英語への記述的アプローチ』, pp. 243ff.）。

(7) She *was to* experience this sadness many times, this chronic sadness of late Sunday afternoon, ….

(J. Updike, *Couples* (1968))

(彼女はこの悲しみ，日曜の午後遅くの慢性的な悲しみを幾度も経験することになる)

(8) He *was* not *to* know that the girl was a Londoner who had posed in a studio not far from King's Cross station, … (F. Forsyth, *The Devil's Alternative* (1979))

(彼はその少女がキングズ・クロス駅からそう遠くないスタジオでポーズをとっていたロンドンっ子であることを知らないまま終わることになる)

第 6 章

日英対照

1 「私は早起きだ」

「私は早起きだ」という事実を述べる英語は，(1) I get up early in the morning. です。(2) I get up in the early morning. は「早朝に起きる」ことは同じですが，起きて何をするのかという情報が求められます。

『ロングマン現代英語辞典』(第 5 版) (MORNING の項) に，"the early morning" というコロケーションの例として (3) A light frost covered the fields in the early morning. (早朝，野原は浅霜に覆われていた) があげられています。また，"early in the morning" の phrase の例として (4) He has to get up very early in the morning. (彼は朝早く起きねばならない) があげられています。

early in the morning は *late* in the morning / *at three* in the morning と同じように，午前中のどの時間帯であるかを述べ，(4) であれば，When in the morning does he have to get up? という問いに対して答えることになります。つまり early in the morning は get up を修飾しているのです。

それに対して in the early morning は，(3) を例にとると When did a light frost cover the fields? という問いに対して答えていることになります。つまり，in the early morning は a light frost covered the fields 全体を修飾しています。A light frost covered the fields early in the morning. とすると「覆う」時刻の早さを言うことになって，「浅霜が朝早々に野原を覆っていた」の意味になります。

2 「このセーターは私が編んだ」

中学校の一部では「このセーターは私が編んだ」を This is a sweater of my knitting. と教えるそうです。その理由は、私立高校の入試問題によく出るからだそうです。これは中学校の先生から直接聞きました。私だったら I knitted this sweater myself. または This is the sweater I knitted. と言います。

ワトキンス・河上・小林『これでいいのか大学入試問題(上)』(pp. 15f.) は、This is a picture of my own painting. について「これは私が描いた絵だ」の意味にはならず、「これは私が描いた絵の写真だ」の意味になると言っています。つまり、of my own painting は絵を描くという行為者の解釈はできず、painting (絵画) の意味にしかとれないということです。これに準ずれば、of my own knitting は「私自身の編み物のセーター」という意味不明なことを言っていることになるでしょう。

日本には、This is the sweater I knitted. の I knitted を of my knitting のように言い換える練習が中学校や高等学校の英語教育の中に依然として残っていることが分かります。BNC コーパスで調べてみると、of a person's own making というイディオムがあることが分かります。このイディオムは学習英英辞典にもあげられています。『マクミラン英語辞典』(第2版) の MAKING の項に of your own making のイディオムがあり、意味は "caused by your own actions" (自らの行動が招いた) で、This mess is *of the government's own making*. (この混乱は政府自身が招いたのだ) の用例があります。

インターネットで調べてみると、古い文学作品に of my own

knitting や類似の例があります。19世紀には This is a sweater of my knitting. という表現法があったようですが，今は of your own making というイディオムに残っているだけで，今は「私が編んだセーター」のような場合には使わないと考えるべきです。

この表現にこだわる日本の伝統は，山崎貞『新自修英文典』(大正10年)にさかのぼるようです。その本の863項に次のような記述があります。

> He showed me a picture of my own painting.
> (彼は自分で描いた絵を私に見せた)
> He sent me a pheasant of his own shooting.
> (彼は自分で撃ったキジを私に送ってくれた)
> It is a profession of his own choosing.
> (それは彼が自ら選んだ職業だ)

これらのうち，第1例が『これでいいのか大学入試(上)』で取り上げた例文そのものであり，大学入試にも過去において出題され，また今でも中学校で教えられているということが分かります。

古い時代の英語が日本の英語教育の伝統の中で生かされているのですが，このような表現を教えることはもうやめたほうがいいと思います。

3 「トイレはどこですか？」

表題の日本語は Where is the restroom? となります。ではな

ぜ前置きもなく出てきた restroom に定冠詞がついているのでしょうか。それは，質問者は当然「トイレがある」という前提で，それがどこにあるのかを聞いているからです。日本語でも「トイレはどこですか」というのはトイレがあることを前提としています。トイレの有無を聞くのであれば「トイレありますか？」であり，英語では Do you have a restroom? / Is there a restroom around here? となるでしょう。

　where 疑問文は場所を聞くわけですから，聞きたい物の存在を前提としています。when 疑問文は時刻を聞くわけですから，ある種の事件が起こる（起こった）ことが前提となっています。たとえば When does the train arrive? では，乗る予定の列車，あるいは誰かが乗ってくるはずの列車が来ることを前提にしています。したがって，特定の物を指す必要から定冠詞を伴うことが普通です。

　なお，toilet はイギリス英語では普通に使われますが，使い方には注意が必要です。『ジーニアス英和大辞典』の toilet の項の次の記述を参考にしてください。

> Where can I find the ～? 便所はどこにありますか《◆これは直接的に響くので Where is the bathroom? / Where can I wash my hands? / Where can I find the men's [ladies'] room? / Where can I powder my nose? などの婉曲表現を用いる。

4 議長が宣する "The aye's (no's) have it." が「賛成（反対）多数」の意味になる理由

議長が宣する "The aye's (no's) have it." は，議決の時に評決をとらず，議長が賛成多数か反対多数かの結果を公表する時に使う表現です。aye（賛成），no（反対）はよいとして，'s は何か，have it は何かを考えておきましょう。

アメリカの新聞では，カリフォルニア州における同性の結婚に対する賛否の結論について，The "NO's" Have It: Same Sex Marriage Roundup（反対多数：同性の結婚の結末）という見出しがありますし，Moderator determined the ayes have it.（議長は賛成多数と決定した）のような表現もあります。

この表現を分析的に考えてみると，no's は no の複数形で，2010's（2010年代：2010, 2011, 2012, ... を総称した複数形）などと同じ用法です。ただ，英和辞典では noes, nos の両方の形があげてありますが，『オックスフォード英語辞典』では投票などによる賛成・反対の「反対」の意味の名詞では，複数形が noes, no's の両方の形があげられています。aye's は ayes と同じ，no's は noes と同じで，表記上の異形です。

have it はいろいろな意味をもつイディオムです。it の内容を that 節で説明する The rumor has it that he has divorced.（彼は離婚したといううわさだ）のような場合と，Let him have it.（痛い目にあわせてやれ）のように，漠然とした状況を指している場合があります。aye's have it の it は漠然とした状況を受けています。have it はイディオムとして「勝つ」のような意味で，賛成（反対）が勝ちをおさめた，という意味です。

5 come of ... と become of ...

　次の引用文中の come of はどういう意味でしょうか。become of とはどのような違いがあるのでしょうか。

(1) Many of his regular fighters have taken their own lives as well rather than surrender, biting into cyanide tablets that they often carry on strings like small memento mori around their necks. This dedication is part of a cult-like devotion to Mr. Prabhakaran — a chubby man with a thick mustache whose charisma is not always evident to outsiders — and nobody knows what will *come of* his mission once he is gone.

("Outcome of Sri Lanka's Long War May Hang on Fate of Insurgent Leader," by Seth Mydans, *New York Times*, March 31, 2009)

『新編英和活用辞典』(p. 469) に This is what *comes of* carelessness. (これは不注意から生じることだ) の例があります。

　come of A は「A の結果として主語の状況が起こる」の意味であり, become of A は多くの場合 what has/will become of A の形をとり「長い間会っていない A, あるいは心配している A がどういう状況になるか」という意味を表します。『マクミラン英語辞典』(第 2 版) から用例を借用します。

(2) a. I wrote to over twenty companies asking for

work, but nothing *came of* my efforts.

(私は仕事を求めて 20 社以上に手紙を出したが，努力は実らなかった)

b. Don't complain about being tired — that's what *comes of* watching TV until three in the morning.

(疲れることに不平を言ってはいけない。午前 3 時までテレビを見ているから当然のことだ)

(3) a. If she is sent to prison, what will *become of* her children?

(彼女が刑務所に入れられたら子供たちはどうなるのだろう)

b. Whatever *became of* the painting that used to be in your grandfather's library?

(あなたのお祖父さんの書斎にあった絵画は一体どうなったのですか)

このような事実を前提に (1) を考えてみましょう。(1) は，おおよそ次のような内容を述べています：プラバカラン氏の正規軍兵士は降伏するよりはむしろ死を選んだ。彼らは首の周りに紐をつけ，それにつけたシャレコウベの中に青酸の錠剤を入れており，それを嚙む。この献身はプラバカラン氏に対する崇拝から来るものである。彼は濃いヒゲを生やした小太りの男で，部外者にはそのカリスマ性は必ずしも明らかではない。彼がいなくなれば，彼の使命が何をもたらすのか，誰にも分からない。

つまり，come of は使命から何が生じるのかを問題にしています。come を become に入れ替えると，「彼の使命に何が生じ

るのか誰にも分からない」といった意味になり，使命がどうなるのかが問題になる表現です。

ところで，come of の of と become of の of は意味が異なります。A come of B は「A が B から生じる」の意味であり，of は「出所」の意味です。そして，A become of B は「A（状況）が B（人など）に起こる」の意味であり，「関連」の意味です。

6 become of の新用法？

大学用の教科書に次の一節があります。イタリック体の became of を成句として理解しようとして解釈に困った学生がいます。

> A glorious goal that he scored from the halfway line in 1996 immediately made David a legend and household name. Later that year, 'Becks' was picked to play for England and at the same time began dating Victoria Adams, a member of the pop group, The Spice Girls, who went by the nickname 'Posh', perhaps because she was a little less 'rough' than her band mates. The Becks-Posh double act soon *became of* huge interest to the public and the media.
>
> (M. C. Weisner ほか, *Cool Britannia*, 2008, Nan'un-do)

この文章は，イギリスのサッカー選手デイビッド・ベッカム（David Beckham）のことを述べています。ベッカム選手（あだ名は Becks）がイングランドチームのメンバーになった時にポッ

プ・グループのビクトリア・アダムズ（Victoria Adams）(あだ名は Posh) と付き合い始め，このベックス・ポッシュ（Becks-Posh）コンビ（double act は「コンビ」）が大衆とメディアの注目を集めたという話です。

　問題の部分は [became of] [huge interest] ではなく，[became] [of huge interest] と区切ります。of interest は，いわゆる of + 抽象名詞で形容詞と同等の意味になると言われる形で，この場合は形容詞の interesting と同じような意味になっています。ここでは日本語の「おもしろい」ではなく，「関心の的になって」の意味です。

　どうも意味がとりにくいと思ったら，分析を変えてみる必要があります。そのことを知る好例です。

7　「...してもよろしいか？」の表し方

　ある英作文の参考書に次の記述があります：「お隣に座ってもよろしいでしょうか」の英訳では仮定法を使うなら，Would you mind if I sat next to you? となる。この日本語からは，Will [Do] you mind if I sit next to you? よりも Would you mind ~? としたほうがよい。一般に Would [Will/Do] you mind my (V)ing? は「(いつも) 私が～してもよいか」という感じになり，あまり使われない。

　この記述には読者に誤解を与える部分がいつくかあります。

　mind を使って丁寧な依頼を表現するには，次の六つの形が可能です。カーター&マッカーシ『ケンブリッジ英文法』(p. 109) の記述を参考に例をあげておきます。(1)-(6) は同書からの引用

です。

まず，do you mind / would you mind を使って疑問文にした場合。

(1) Do you mind if I smoke?
 （たばこを吸ってもいいですか）
(2) Would you mind if I open the window?
 （窓を開けてもよろしいでしょうか）
(3) Do you mind putting your dog back on a lead?
 （犬を繋いでくれますか）
(4) Would you mind checking that for us, please?
 （ちょっと調べていただけますか）

否定疑問文にして，付加疑問をつけるか上昇調イントネーションで表現する方法もあります。

(5) You don't mind if I smoke, do you?
 （たばこを吸ってもよろしいですね）
(6) You wouldn't mind carrying this? Thank you.
 （これを運んでいただけますね。御世話様）

改めて英米の学習辞典をすべてみましたが，冒頭の引用にある Will you mind ...? というような表現法はありません。このような表現はないと考えていいでしょう。Do you mind ...? か Would you mind ...? のいずれかです。

(1), (2), (5) の例で分かるように，「...してもいいですか？」と話し手の行動に了解を求める場合は if 節で表します。したがって，Would you mind if I sat next to you? / Do you mind if I sit next to you? とします。このうち，Would you mind if …? のほうが丁寧になります。

　if 節を使わない表現法に，Do you mind me sitting next to you? / Do you mind my sitting next to you? がありますが，堅苦しくなります（この場合，Would you …? とはしないことに注意）。英米の学習辞典でこの表現をあげないものもあります。(7) と (8) は『オックスフォード上級学習者辞典』（第8版）から，(9) は『ケンブリッジ上級学習者辞典』（第3版）からの引用例です (formal は堅苦しいという意味)。所有格を使うとさらに堅苦しくなります。

(7)　Do your parents mind you leaving home? / (formal) Do your parents mind your leaving home?
（あなたのご両親はあなたが家を出てもかまわないのですか？）

(8)　Are you married, you don't mind me asking? / (formal) Are you married, you don't mind my asking?
（結婚してらっしゃるのですか，もしよろしければ）

(9)　Do you mind me smoking?
（たばこを吸っていいですか）

　表現法としては，「…してください」は Would [Do] you mind doing?，「…してもいいですか？」は Would [Do] you mind if …? と教えるのがいいと思います。最近出た日本の英文法書に Would you mind my smoking?（たばこを吸ってもよろしいでしょうか）の例があげてありますが，Would you mind if I smoked? とすべきところです。

冒頭の引用の中に「仮定法を使うなら，Would you mind if I sat next to you?」という記述があります。この sat は，仮定法でなく表現を丁寧にする過去形です。「仮定法」は定義上，事実と相反する仮想上の出来事を表す場合の動詞の形のことであることを考えれば，if 節の中に現れた過去形ですが，この sat は仮定法とは言わないほうがいいでしょう。BNC で調べると Would you mind if ...? では，if 節の中では過去形を使い，Do you mind if ...? の if 節の中では現在形を使う傾向が顕著です。

「Would [Will/Do] you mind my (V)ing? は「(いつも) 私が〜してもよいか」という感じになり ...」のくだりですが，(7)，(8)，(9) の例を見れば分かるように，根拠のない記述です。「あまり使われない」というのは事実です。

8 「...する時が来た」とレジスター

「さあ，右折しよう」という意図はどう表現すればいいのでしょうか。

(1) a.　It's time to turn right.
　　b.　Let's turn right.
　　c.　Turn right (right here).

といったところでしょうか。(1a) はやや堅苦しく，地図をみながら指示を与えているナビゲータの言葉のような感じです。(1b) はくだけた言い方ですが，目的地へ行くために右に曲がるという意味にはならず，何か気になることがあって右折しようという意味合いになるようです。これは，運転手・同乗者のいずれもが言

う可能性があります。(1c) は,「(ほらほらすぐここで) 右折して」と同乗者の言うことです。運転手が「ここで右折しなきゃ」というのは, I've got to make a right turn here. / I've got to turn right here. のように言えばいいと思います。その他いろいろな表現の可能性がありますが, 全部をあげることはできません。

(2) はいずれも可能ですが, 堅苦しく, ぜったいそうしなければ, という強い主張になります。どこで右折するか, 意見の不一致があって,「(ほらほらやっぱり) 曲がらなきゃだめじゃないか」といった意図の表現です。

(2) a. It's (high) time that we turned right.
    b. It's (high) time that we turn right.

(2a) は, 曲がるのを忘れて通り越した後で,「右にまがるはずだったのに」という意味にもなります。

高等学校などでは (3) のように should を使う表現法を教えているかもしれませんが, 現代英語では普通ではありません。

(3) It's high time that we should turn right.

9 whether 節内の動詞の形

"BBC News World Edition" に次のような箇所があります。

(1) "We should be looking after patients who need treatment, *whether* it *be* one or *whether* it *be* 200. Whatever the figure, there should be an emergency service at night."

(BBC News World Edition, Wednesday, 24 August 2005)

この whether 節の中では，仮定法現在が使われています。英和辞典を調べてみると，多くは，「古風」「まれ」としています。このような用法は，どれほど一般的に使われるのか考えてみましょう。

譲歩の意味の whether は，「... であろうがなかろうが」といった意味で，典型的には，次のような使われ方をします。(2) は『ケンブリッジ上級学習者辞典』(第 3 版) からの引用です。

(2) I'm going, *whether* she *likes* it or not.
(彼女がどう思おうが私は行きます)

普通は，(2) のように，whether 節の中は直説法になりますが，確かに (1) では仮定法現在が使われています。この使い方についての英和大辞典の記述をみてみましょう。

(3) War is murder, *whether* it *be* glorified by the righteous or not.
(正義の名のもとに賛美されようとされまいと，戦争が殺人であることに変わりはない) [be は仮定法。普通は is]

(『ランダムハウス英和大辞典　第 2 版』)

(4) 《通例直説法を用いるが，《正式》ではまれに仮定法現在も用いる》(用例はなし)　　　(『ジーニアス英和大辞典』)

(5) I'll see you again — whether (it is,《古》it be) in London or in New York I don't know.(『研究社英和大辞典』(第 6 版) (注: 原典では whether は〜になっています)

このように，仮定法を使うのは「まれ」「正式 (堅苦しい)」「古」

というような記述がされています。『研究社英和大辞典』の記述は，初版〜第5版まではなく，第6版ではじめて現れたものです。英和辞典で一番古い記述は，斎藤秀三郎『熟語本位英和中辞典』(1915) の次の記述のように思われます。

(6) Everybody must pay the taxes, whether (he may be) Japanese or foreigner. 内外人を問はず（税を拂はねばならぬ）。注意　古文體にては此 "may" を略すことあり。

この記述は，whether 以下が，whether he may be Japanese or foreigner / whether he be Japanese or foreigner / whether Japanese or foreigner の三つの可能性を示していることになります。

今の学習英和辞典の記述は，多くの場合，おそらく (6) の記述の影響を受けたものと思われます。いずれにしろ，すでに 1915 年の英和辞典で《古文體》とされています。

一方で英英辞典を調べてみると，この用法の用例を記しているものはまれで，『第3版　新ウェブスター国際辞典』(*Webster's Third New International Dictionary*) とそれをもとにしてできた『メリアム・ウェブスター・カレッジエイト辞典』(第11版)，『オックスフォード英語辞典』といったところです。『ショーターオックスフォード英語辞典』(第6版) には，仮定法現在を使った例はありません。

これらの辞書があげる用例を引用しておきます。(7) は『オックスフォード英語辞典』にある 1678 年の用例，(8) は『第3版　新ウェブスター国際辞典』から。

(7) For Loyalty is still the same, *Whether* it *win* or *lose* the Game.

(忠誠は変わるものではない，ゲームに勝とうが負けようが)

(8) a. see me no more, *whether* he *be* dead or no [Shakespeare]

(私に会うことはもはやない，彼が死んでいようがいまいが)

b. the undergraduate, *whether* he *be* a concentrator in the sciences, the humanities, or the social sciences [General Education in a Free Society]

(その学部生が熱中しているのが自然科学であろうが，人文科学であろうが，社会科学であろうが)

英文法書の中では，ポウツマ『後期近代英語文法』(p. 336) に問題の用例がありますが，これらの用例は (7)，(8) に類似した古いものなので，ここで引用はしません。

クワーク『総合英文法』(p. 1101, n.[b]) は，whether の用法を述べたところで，「whether を省略して，定形節 (finite clause) で表すことがある，この場合の動詞は仮定法である」として，次の例をあげています。

(9) Rain or shine, we're having our party outside today. ['Whether it rains or shines, …']

(晴雨にかかわらず今日は屋外でパーティーを開く)

続いて，「さらにまれに幾分文語的な構文で，仮定法の be を使うものがある」として，次の例をあげています。

(10) (Be he) friend or foe, the law regards him as a cri-

minal.　['Whether he *is* (or *be*) friend or foe …]
(敵味方にかかわらず，法律に照らすと彼は犯罪人である)

言い換えの中で，be が使われることがあることを示しています。
　デクラーク『総合的記述英文法』(p. 354) は，仮定法現在が使われるための条件のひとつとして，堅苦しい英語 (formal English) としてこの whether … or をあげ，(10) に示した用例をあげています。

(11)　Whether the antecedent *be* animate or inanimate, we can always use the relative determiner *whose*.
(先行詞が有生であろうが無生であろうが，われわれは常に関係限定詞 whose を使うことができる)

江川泰一郎『英文法解説』(p. 249) は，デクラークと同じように，仮定法現在を使う条件のひとつとして「whether- 節」をあげ，「現在はおもに《米》の文語だけで使われる」として，(12) に示した用例をあげています。

(12)　Whether your life *be* a long one or a short one, it is important to live it well.
(あなたの人生が長かろうが短かろうが，その人生を立派に生きることが大事だ)〔訳は筆者〕

バーチフィールド『ファウラー現代英語語法辞典』，『メリアム・ウェブスター英語語法辞典』，スワン (M. Swan)『実用英語語法辞典』などをはじめ，英米の語法書でこの問題を扱っているものはなさそうです。

それでは,事実はどうでしょうか。BNC, WB や,筆者の独自のコーパスを調べてみると, whether it be ... の形はかなり普通に使われ,しかも英米いずれにおいてもかわらないことが分かりました。話し言葉でも使われますが,確かに堅苦しい英語であり,結局は上に引用してきた諸説のうち,デクラーク『総合的記述英文法』の記述がもっとも適切と思われます。ただし,どのような動詞でも仮定法現在で現れるのではなく,ほとんど be に限られ,しかも whether it be / whether that be のようなある種の固定表現になっていると思われます。

たとえば,BNC には whether は 3 万回以上出てきますが,そのうち, whether it be ... の例が 251 (whether it is は 751 例) あります。同じく WB には whether は 1 万 5 千弱ありますが, whether it be は 109 例 (whether it is は 253 例) 見られます。BNC から 1 例引用しておきます。

(13) *Whether it be* through the exchange of goods, services, esteem or confidence, all relationships are marked by some sort of reciprocity.
(商品やサービス,敬意や信頼を通じてであろうがなかろうが,すべての関係はある種の相互利益のためにあるという特徴が色濃くある)

筆者が調べた限りでは, whether it be とその異形としての whether they be や,まれに whether that be, whether these be が大半です。英・米・カナダ・オーストラリアなどの新聞などでも whether it be / whether they be の表現を見つけることは難しいことではありません。以下に,具体例を二つあげておき

ます。

(14) "I think that whenever people on the margins, *whether* they *be* evangelicals or blacks, start making some noise about having some wider impact, I think people always get a little nervous," he said.

(*The Boston Globe*, Aug. 25, 2005)

(社会の周辺部の人たちは,その人たちが福音主義者であろうが黒人であろうが,社会的影響力を強めたいという騒音を鳴らし始めると,人々はいつも少し神経質になると思う)

(15) "I believe that each one of us have to make choices in life, *whether* they *be* wrong choices or right choices." (*Larry King Live*, March, 2000)

(私たちはひとりひとり人生で選択をしなければならないと思う。それが間違った選択であれ,正しい選択であれ)

固定表現的なもの以外で BNC に見られた仮定法の例をあげておきます: ... *whether* he *be* the shaper of human evolution or the intellectual of today (彼が今日の人の進化あるいは知性の形成者であろうがなかろうが) / *whether* he *be* killer or killed (彼が殺人者であろうが,殺された側であろうが) / *whether* nation *be* understood as ... (民族が...と理解されていようが) / *whether* she *be* a separated wife or otherwise (彼女が離別した妻であろうがそうでなかろうが) / *whether* the victim *be* a consenting party or not (犠牲者が同意者であろうがなかろうが) / *whether* war *be* declared or not (宣戦布告がなされようがなされまいが) / *whether* you *be* a young man (あなたが若者であろうが) / *Whether* he *come* from this or not (彼がこれの出身であろうがなかろうが) / *whether* he *get* it right anyway (彼が何とかそれをきちんと理解していようがいまいが)

　さて，このような実態調査から，次の5点が言えると思います。第一に，whether it be とその異形である whether these be, whether they be のような固定表現で現れることが大半であること，第二に，it 以外の普通の名詞をとる whether the victims be ... のような場合もあるが，これは極めてまれであること，第三に，この固定表現は，アメリカ英語に限らず，イギリス英語など多様な英語に見られること，第四に，仮定法になる動詞はほぼ be に限られること，第五に，かなり堅苦しい英語に見られること。

　現代英語では一般に仮定法現在は廃れつつありますが，whether 節に関しても，固定表現として残った whether it be とその異形，またその類推で生じた表現で使われる可能性がある，という程度です。

第 7 章

なぜ英語を学ぶのか

1 英語教育をめぐる諸問題

英語教育のあり方について議論が百出し,いろいろな所で正反対の議論がなされています。古くからある,実用を主体とするか,教養を主体とするかという議論はもとより,文法・訳読がいいのかコミュニケーション主体がいいのか,英語を第二公用語とするかどうか,英語で授業をするのかどうか,文法を英語科目のひとつとして置くかどうか,文法用語をどれほど使うのか,などなど。小学校の英語を必修とするかどうかも,早期英語教育の是非をめぐる意見が対立したまま見切り発車となりました。

日本は民主主義国家であり,自由に意見を述べることが保証されています。だから問題ごとに対立する意見が出てきて当然です。それぞれの問題について正解はありません。正解はないと言いながら,教師は毎日教壇に立って授業をしなければなりません。結局は自分の信念にしたがって教育にたずさわってゆくほかはありません。しかしながら,根本的なところはおさえておきたいと思います。単なる言いっぱなしでは,今後の行く末が心配だからです。

変わりゆく英語の授業

私も長い間大学で教養の英語を担当してきました。近年,学生の大きな変化に驚く毎日です。英語の授業は英語でやると決心し,その旨をシラバスにも書いています。ですがなかなかシラバスどおりには授業を進めることができません。重要な指示などは話した英語の要点を黒板に書き,テキストの重要な部分の分析は日本語で確認しています。時には確認のために,学生の誰かに

「通訳」をやってもらいます。高等学校のオーラル・コミュニケーションの授業で話し言葉には慣れているはずですが，こちらの思い違いのようです。聞いてみると，「オラコン」の時間は文法の時間だったと言う学生がいます。

　以前はテキストを完全に翻訳しないと納得しない学生がいました。少なくとも私の授業では「もう一度訳してください」という「質問」はなくなりました。完全訳の授業が高等学校ですたれてきたことの反映でしょうか。もっとも，私自身の授業でも全文訳あるいは逐語訳はせず，もっぱら「何が書いてあったか，それについてどう思ったか」という内容把握と批判に努めています。期末試験問題も重要表現や語彙，内容把握に限っています。

　文法用語はあまり知らない，発音記号はほとんど読めない学生もいます。と言っても，決して学生を責めているのではありません。英語教育のやり方が変化してきていることの実感を述べているのです。私自身もできるだけ文法用語を使わないようにしていますが，発音記号はひととおり教えるようにしています。記号を見て発音ができないと困ると思うからです。「/θ/ の記号は丸めた唇の間から舌が見える形になっているだろう」「/æ/ は /a/ と /e/ を合わせた音で，/a/ の口構えをしながら /e/ を発音する感じを表している」というような教え方です。/l/ の音は，発音の前に「ヌ」の音を入れよう，/r/ の音は，発音の前に「ウ」を入れようという教え方は島岡丘先生のカタカナ表記を利用したものです。

　ところが，最近は電子辞書に音声機能があり，単語の発音をしてくれます。発音記号は読めなくても単語の発音を知ることができるわけです。いよいよ発音記号も必要なくなる時が来ているのかもしれません。ですが，音声を聞いてそれをうまく真似ができ

たかどうかは保証のかぎりではありません。発音はやはり誰かに聞いてもらって修正をする必要があります。英語教師の力がやはりここでも試されるのです。

便利さ追求は知識の偏在を招く

　私がパソコンを使い始めたのは1980年代後半です。使い始めてもう25年になります。最初の頃は，パソコンもいろいろな設定が大変で，使えるようになるまでに何日もかかりました。MS-DOSなども否応なしに（基礎だけですが）覚えざるを得ませんでした。パソコンを利用するには利用者の側にかなりの知識と努力を求めていたのです。その意味では，製作者と利用者の距離がまだ近かったといえます。インターネットの接続もなかなか簡単にはできず，講習会で専門家の説明を聞いてやっとできるという状況でした。

　ところが，今ではパソコンはインターネット接続を前提として，初期設定はほとんど自動的にできるので，買ってきて梱包を解いて電源に繋ぐとほとんどすぐに使い始めることができる時代です。コードをタコの足よろしくあちこち繋ぎまわることもほとんど必要なくなりました。利用者はほとんどパソコンの仕組みについての知識が不要になっているのです。つまり，パソコンを作る側と利用する側との知識のギャップがそれだけ広がったのです。便利になったことの結果です。

　電子辞書は出始めの頃はその是非をめぐっていろいろと議論がありましたが，今は教師も便利さは実感していると思います。ですが，その便利さの裏には，いろいろな問題が見え隠れしています。

発音記号の問題もそうですが，電子辞書は手軽で持ち運びに便利で，単語の意味をいつでも調べることができるので，覚える必要がありません。実感としてそういう感想を述べる大学生がいます。また，電子辞書と紙ベースの辞書の比較研究の報告で，電子辞書は引くスピードが速いので，「忘れてもすぐに引ける利便性」があるという主張を聞いたことがあります。だから覚えるという面倒なことが必要なくなっているのです。

　覚える努力をしない限り，大学生になり，社会人になって試験を受ける必要がなくなれば，きっと英語の語彙力は落ちてゆくでしょう。パソコンを使うようになってから私の漢字を書く能力が落ちたことと同じ運命をたどらないか心配です。

　横道にそれますが，児童・生徒・学生の学力レベルは低下しているのでしょうか。もし全体として低下しているならば，科学技術の発展はおろか，いろいろな国際競争に伍して行くことを考えると危機に瀕していることになります。学力はどこへ行ってしまったのでしょうか。

　実は，学力全体が下がったというよりは，あらゆる学力が細分化され，生徒や学生は細分化された知識のうちの得意なものだけを身につける方向へ移行しているように思われます。

　世の中が便利になればなるほど専門的知識が偏在し，機械自体の構造はますます複雑化しているのに，利用者はただボタンを押すだけという単純作業ですむようになっています。パソコンの構造や仕組みは専門家に任せて，ユーザーはただ簡単に使えればいい。その結果，パソコンが少しおかしくなると，知識の所有者と知識のない利用者を結ぶ「利用者相談室」が賑わうことになります。

今の若者は決して物を知らないのではありません。得意なことは，言われなくてもとてもよく調べて知っています。スポーツ選手は，スポーツに集中するのだから，特に勉強はしなくてもいいと考えている人がいます。そのような学生でも，スポーツについての知識は豊かです。大人は，自分の知識と若者の知識を比較して，若者はモノを知らないと考えがちです。

　私の学生は私が知らないことを実によく知っています。スポーツ選手のこと，アメリカン・ポップのこと，日本の歌手のこと，映画のことなど。私のように世情に疎いものにとっては知らないことばかりです。「そんなこといくら知っていても意味がない」などと考えないほうがいいと思います。将来その知識がどんなに役立つかは誰にも予測はできません。中には，市のゴミ収集制度の矛盾についてとてもよく知っている学生もいます。若者をあなどってはいけません。

　私自身，戦前の教養としての漢籍の知識などほとんどありません。世代が変われは知識の中身が変わることはいつの時代も同じことです。

専門教育強調の代償

　学力の基礎には教養があって，その幅広い視野の上に専門性を積み上げるという考え方は今や昔のことになりました。今は，専門性が問題です。大学教育の一般教養と専門教育の区別を廃止したことと，現在の全体的な学力レベルの低下は相関しているように思われます。

　専門と教養の区別がなくなった中で，外国語教育だけは教養教育として多くの大学で残っています。その外国語ですら専門的研

究に必要ない（と勝手に決めている）人は、専門教育重視の時代の流れにそった意識をもっています。英語は将来必要だと思う人だけやればいい、という考え方の高校生が増えているということがそれを裏付けています。

専門性へのこだわりは、英語教師をめざす大学院生にも見られます。私が所属する大学院では、言語科学、言語教育、言語文化学の3分野に科目群が分かれています。英語教師を目指す院生の多くは言語教育の科目群で単位を満たそうとします。なかなかその他の科目をとる余裕がないのか、英語教育と関連のない科目をとろうとはしません。言語科学の私などは、もっと英語の力をつける科目や、英語史、英語音声学などの科目を履修してほしいと思うのですが、なかなかそうはならないのは、極めて狭い専門意識の表れだと考えています。

正解はひとつでない内容の英語教育

高校生が大学に入って戸惑うことがいろいろとあります。戸惑いのひとつに、物事を学問的に追求してゆくと答えはひとつではない、つまり必ずしも正解はないということが強調されることです。英語教育をめぐっても甲論乙駁、誰が正しいのかそれこそ誰にも分からないのです。4択の中に正解がひとつある試験問題とは質的に違う、正解がない世界がそこにあります。まさにそれが大学で学ぶ価値のひとつです。

TOEIC, TOEFLというような試験で測れる英語力は、正解がひとつになる場合だけです。ですが、実際の言語使用において、絶対に表現Aを使わねばならないというような場合はまれで、表現Aの代わりに回りくどくとも別な表現を使えばいいので

す。実際の言語使用は，正解のない世界です。大学で TOEIC の過去問を教材にすることは，正解がひとつになる世界だけを見ることになります。問題の中から正解をひとつ選択するということは，人間の豊かな言語生活を体験する世界ではありません。学力を試すために TOEIC を使うことは意味があるでしょうが，大学の教養英語の教材にするには適していないと私は思います。

　TOEIC の点数を上げる近道は，過去問を解くのではなく，英字新聞や CNN などのニュースやインタビューのトランスクリプトを，辞書を引きながら読む習慣をつけることだと思っています。生き生きとした英語の世界からこそ言語を学ぶことができ，それが正解を選ぶ力もつけるものだと思っています。

　かなりの大学で，教養の英語に TOEIC 対策が取り入れられているようです。だからこそ余計に，大学の英語教育がそんな方向に行っていいのかという疑問を提示しておきたいと思います。大学の教員は多様なバックグランドをもっています。せっかくの知的な財産を利用せず，一律に TOEIC 対策に向けさせるというのは，何とももったいない話です。

　ニューズウィーク，ニューヨークタイムズ，ジャパンタイムズなどの新聞・週刊誌や CNN や BBC のトランスクリプトなど，今使われている英語を読むと，簡単には理解できないことが少なくありません。意味が分からない用語，辞書を引いても載っていない語句などいくらでもあります。そのような生きた英語に接し，それを調べることにこそ本当の意味のコミュニケーションのための手段を身につけることだと思います。

英語教育の中身を考える

　第1章の議論を蒸し返しますが，英語学習にとって，どれほど文法が必要なのでしょうか。「体系的な英文法」を習得することが，中高生あるいは大学教養課程の学習に必要なのでしょうか。少なくとも大学の英語の授業で，辞書を調べるようには言っても，英文法書を調べるように指示する先生がどれほどあるでしょうか。

　そもそも「体系的な英文法」がどこかに存在するのでしょうか。『英文法〇〇』『〇〇英文法』と名の付く文法書に体系的な英文法が書かれてあるのでしょうか。いくつかの『英文法』書がありますが，決定版はどれでしょうか。

　私は学部生の頃，英語学を志し，英語学を専門に研究したいと思っていました。2回生の後期から3回生の間には，日本の英文法書をはじめ，ホーンビー (A. S. Hornby)『英語のパタンと語法』(岩崎民平の注釈付き)，トムソン＆マーティネット (A. J. Thomson and A. V. Martinet)『実用英文法』，カーム (G. O. Curme)『英文法』，イェスペルセン (O. Jespersen)『エッセンシャル英文法』，アニオンズ (C. T. Onions)『上級英文法』(西尾孝の注釈付き) など英文法書を次々に読みました。そんな知識があったので，文法にはかなり自信がありました。また，それぞれの文法書には特徴があって，同じ現象を違った目で見ていることはよく分かっていました。これが決定版などという文法書はないことも分かっていました。

　学部2年生の時，アメリカ文学購読でシンクレア・ルイス (Sinclair Lewis) の『大通り』(*Main Street*, 1920) を読みました。かなり難しい作品でしたが，深い読みができる教授の案内で一生

懸命予習をして読みました。その教授の読みを学ぼうと，ゼミの文学作品の輪読に参加させてもらいました。作品名は忘れましたが，一節の解釈をめぐって議論があり，私はどう思うかと問われた時に，文法的分析をしながら私の意見を述べました。この時の私の意見は，その場にはまったくそぐわず，浮いた存在になりました。文学作品を深く読むことは，文法的な分析を超えたものであることを悟りました。

　英語を理解するためには文法知識が欠かせないというのは，文法家の主張です。文学畑の人は必ずしもそうは考えていません。もちろん文法は基礎知識として必要ですが，文法を超えて，語感などの感覚でつかむ読み方をしているようです。

　基本的な文法が大事であることは間違いありませんが，その重要性が過大に受け取られ，高校の「オラコン」の授業に文法問題や文法の参考書をやらせるようなことが行われています。生徒たちも，クイズのような問題は答えがひとつだし，取り組みやすいのかもしれません。

　近年の大学入試問題では，読解や英語による表現に重点が置かれ，イディオムやコロケーション問題などは多く出されていますが，いわゆる純粋な文法問題は少なくなっています。

　大学入試では伝統的に文法問題や書き換え問題にかなりの比重をおいてきました。ですが，書き換えると意味が変わってしまうということも分かってきたし，書き換えることができないものまでも機械的に書き換えていたことも分かってきました。

　書き換えのような，文法のための文法問題をいくらやっても英語の力がつくわけではありません。そのような時間があるなら，少しでも多く英語を読むべきです。受験生にとって文法書を読ん

だり練習問題を解くよりも，大学入試問題の長文を読む練習のほうがはるかにいい。その読み方は，内容把握に徹することが好ましく，全体を読まずに1行目から訳してゆくような読み方をすると，内容理解が伴わないことが往々にあります。全体把握の練習が結局は読解力をつけることになります。細かい文法事項に拘泥すると全体の意味が分からなくなりがちです。

　分厚い文法書を1冊読むようなことは，文法の専門家や英語教師を目指す大学生がやればいいことであって，一般の中高生がやるようなことではありません。仮に1冊読破しても，読解や作文の時に，文法書から学んだ知識が利用できるとは限らないからです。読解・作文と関係なく文法事項が存在するわけではないのです。

英語の授業を豊かに

　どの授業でも同じでしょうが，教科書をそのとおりに進めてゆくと集中力はたちまちにして途切れ，だらけてきます。その時に何か興味を引く話題によって脱線するというのは効果的な方法です。だから，教師は何か常に話題をもっておかねばなりません。

　本書で述べてきたことは言語学の観点からの基礎知識にすぎません。もっといろいろな方面の知識が結果的に英語を理解する力になります。

2　教育の役割から

教科教育の目的

　人はこの世で起こるあらゆる事物や現象について，なぜ起こる

のか，なぜそうなるのか，なぜ存在するのかを知りたいと思うものです。すべてをそのまま受け入れるだけで満足するならば何も考える必要はないのですが，普通の人は，今年の夏はなぜこんなに暑いのか，どうして最近は雪が余り積もらなくなったのか，などと考えます。

　人があやつる言語はどこからきたのか，なぜ人間だけが言語を使うのか，なぜ英語が世界に通用する言語のひとつになったのか，などは広い意味の言語学の課題です。

　そもそも，あらゆる教科はなぜ勉強しなければならないのでしょうか。役に立つか立たないかという点からだけみれば，数学の微積分などは余計なことかも知れません。宇宙はどうしてできたか，など知っても何の役にも立たないと考えて不思議ではありません。しかし，若い人たちが今の自分自身のおかれた状況からいくら考えても，教科で習うことが将来役に立つかどうかの予測をつけることは難しいでしょう。

　将来は農業や漁業という第一次産業に従事すると心に決めたから英語はいらない，数学はいらない，物理はいらない，などとどうして予測ができるでしょうか。将来は英語の教師になるから化学はいらないとどうして言えるでしょうか。理学・工学を目指すから英語はいらない，などと考えるのはまったく逆の発想です。自称「英語が苦手」なノーベル物理学賞受賞者がおられました。どれほど苦手なのか本当のところは分かりませんが，英語を話すことはともかく，自然科学の分野で，英語の文献を読まないで，あるいは論文を英語で書かないで世界的な研究者として認められるとは思えません。

　ちょうどこの項を書いている時に，2010年11月5日付け『讀

賣新聞』朝刊（p. 13）に,「ノーベル化学賞受賞記念　根岸・鈴木・野依3氏座談会」の記事が載りました。その中で,アメリカ・パデュー大学の根岸英一氏は,日本の若者へのメッセージを色紙に英語で "Pursue your lofty dream with eternal optimism" と書き,英語という言語について次のように述べています。

> 「あえて英語で書いたのは,それが世界語だからです。英語ができないとついていけません。その点が,日本は一流国の中で極端に遅れています。生きた英語を習得できれば,気持ちの上で外国に出やすくなります。英語と言っても,ブロークンイングリッシュ。ドイツ人はドイツ流,日本人は日本流の英語で通じます。」

これに呼応して,野依良治氏も「国際学会も,公式はブロークンイングリッシュです」と述べ,さらに根岸氏は「説得力があれば,ブロークンイングリッシュでも世界は分かってくれます」と述べています。

世界を代表する方々の実感として,耳を傾けるべきでしょう。

若い人たちにとって,これから先の長い人生で,何が必要で何が不必要だなどと決めてしまわないほうが得策です。文科系に進むから数学がいらないとか,理科系に進むから国語や英語はいらないなどと考えるのは早計です。

教育の歴史を振り返ると,最初,ほんのひと握りのエリートが受け継ぐものであった教育は,支配者階級全体に広がり,階級を問わず高所得者層に広がり,さらにはすべての国民へと広がり,いわゆる普通教育の時代になりました。その歩みには長い歴史と権利獲得のための闘争がありました。今や教育を受ける権利は,

基本的人権のひとつとしてとても重要な位置を占めています。

　人間が蓄積してきたいろいろな知識は，世代を超えて受け継がれてきました。その知識を整理したのが教科の内容です。すべての人に，人類が受け継いできた知識を受け取る権利があります。普通教育はすべての国民の知る権利を保障する制度なのです。知識の蓄積が増えて，高等学校や大学で学ぶ必要が生じていることが高進学率の背景にあります。必要な知識を獲得してこそ一人前の人として生きる力を得ることができるのです。

　戦前や戦後でもしばらくの間は，女性は家庭を守るのだから高等教育など必要ないという考え方がありました。私が学生の頃（1965年前後）にはまだ，女子学生が増えると国が滅びるという「女子学生亡国論」がありました。徐々に女子学生が増えてきた頃です。今は国が滅びず，そのような考え方のほうが滅び，本当の意味での普通教育に近づいてきました。近年は，貧富の差による機会均等の差に問題が絞られてきているようです。

　明治から第二次大戦の敗戦に至るまで，権力者が万世一系の支配者であることを証明するための歴史は，神話と歴史とを混成させて成り立っていました。支配者が知識や情報を意図的にゆがめたり隠したりして，人を従属させるという手段は今でもとられています。

　このことは別に独裁者が支配する国に限りません。民主主義国家であっても，権力の都合のいいように報道を誘導することは珍しくありません。カルト集団の信者に対する情報コントロールやマインド・コントロールは現代社会での知る権利を奪う典型的な例です。このように，情報をめぐって隠す側と暴き出す側とのせめぎあいが常に存在します。知識や情報にアクセスする自由をも

つことは，人間が人間として生きてゆくために極めて重要です。

外国語教育はなぜ必要か

　われわれが学び，学問をする意義は，われわれが住んでいる世界を知るという喜びとともに，知る権利を行使ことにもあります。外国語は，世界を覗き見る窓です。英語を学ぶことは，英語を話したり，海外に行った時に役に立つことだけが目的ではありません。外国語学習は，知る権利を獲得するための手段を手に入れることであると位置づけなければなりません。

　2010年に学会出張でスペインのグラナダに行きました。グラナダの町では英語はほとんど通じませんでした。「英語は話せますか？」と確かめてから道を尋ねるのですが，英語ではなくほとんどスペイン語で答えが返ってきました。スペインに来ているのだからスペイン語くらいしゃべりなさいと暗に言われている感じがしました。スーパーでもバーでも，ほとんど英語は通じませんでした。コーナー・ストアでビールを買う時も，手まねでお金を手のひらにのせて値段の分をとってもらうことしかできませんでした。

　このように，世界のどこに行っても英語が通じると考えるのは大きな間違いであることを身にしみて感じました。だから，必ずしも英会話を学ぶと海外で役に立つとは言えません。将来いつ行くか分からない海外旅行のために英語を学ぶという目的設定はあまり意味がありません。英語を学ぶのは，もっと重要な目的を達成するための前段階の練習なのです。

英語の役割

　海外では必ずしも英語が通じないとはいいながら,せめて英語が分からないと,海外からの情報は日本語訳に頼らざるを得ません。ということは,自分自身をある種の情報制限下に置くことになります。

　学習指導要領は英語学習を国際理解と結びつけています。それに対して,英米文化を学ぶことと国際理解は同じではないという批判があります。また,英米の価値観をグローバル・スタンダードにすることを心配する向きもあります。しかし,ヨーロッパに行くと分かりますが,英語はドイツ語や,ロシア語,フランス語,スペイン語と並んで,共通言語として使われるコミュニケーションの一手段です。韓国や中国でも英語教育が盛んになっています。私は韓国や中国の人たちと話す機会がありますが,その時お互いにたよる言語はやはり英語です。

　ヨーロッパにはたくさんの言語がありますが,オランダ語やスウェーデン語では残念ながら国際的な会合などの場では理解してもらえないでしょう。もちろんドイツ語やロシア語でもいいのですが,言語としての拡がりはやはり英語にはかなわないと思います。

　今や英語を学ぶことイコール英米の価値観を学ぶこと,あるいは世界を英米と同一視することと考える時代ではありません。英語は国際的なコミュニケーションのツールとして重要な役割を果たしています。World Englishes の思想は,まさに国際的なコミュニケーションのツールとして英語をとらえるところにあります。英米の英語や価値観を相対化させ,世界に存在する英語や価値観を認めるということです。英米の思想をグローバル・スタン

ダードにするという考え方とはまったく逆の考え方です。

　英語が使える日本人を育成することは，国家権力や財界の都合だけではありません。英語が使えるようになることは，権力や財界と縁のないわれわれにとっても必要なことです。民間レベルや学問上の交流にとっても，英語が使えることはとても重要なことです。もちろん英語に限らず，可能ならばドイツ語やフランス語，スペイン語，あるいは中国語，韓国語も学びたいものです。しかし，英語一辺倒が悪いからといって，第一外国語として中国語かドイツ語に向かったほうがいいということになるでしょうか。それは入手する情報を不必要に制限することになるでしょう。

　中国でも韓国でも，今や人気の外国語は英語です。それには理由があります。英語が理解できることは，世界の情報がもっとも手に入れやすく，発信にももっとも効果的だということです。日本人が日本語の力をつけることは教育の中でもっとも重要なことは言うまでもありません。英語を学ぶことと日本語の力をつけることは矛盾しません。むしろ，英語を学ぶことで日本語力が鍛えられます。また，日本語の特性を知るきっかけになることはよく知られた事実です。

　日本で生活している限り，英語は必要ないという考え方もあります。確かにそういう生活もできますが，そうでない生活の可能性を開いておくことも大事です。今の時代，テレビやインターネットを通じていつでも英語で情報を得ることができます。しかし，あらゆる情報が日本語に訳されるわけではありません。情報の翻訳は選択されて行われています。英語力を限られたエリートのものにするならば，情報統制をしようとすれば簡単なことになってしまいます。翻訳しなければいいのですから。

何のために学ぶのか

　中学校や高校で学ぶことが個人個人の将来にどれほど役に立つかどうか，誰も判断できません。しかし，英語を学ぶことも含めて，大人になった時に日本国民のひとりとして，誰もが共有しておきたい基礎知識であることは間違いありません。知識は，偏見や迷信，情報統制，隷属など好ましくない状況から人を自由にする可能性を与えてくれます。英語の知識もそのような役割を果たすひとつの道具です。

　高等学校の社会科の科目で，地理，日本史，世界史，公民のどれを選ぶかは将来にかなり大きな影響が出ます。私は高校時代に日本史をとらなかったために，海外に行った時や外国人と話す時に，肝心の自分の国のことがよく分かっていないもどかしさを感じました。そのために，日本史を自分で勉強しなければなりませんでした。高校レベルまでの教科の知識は，若い間に詰め込んでおくことは決して悪いことではないと思います。漢文で習った中国の故事と結びついた熟語（「矛盾」「助長」など）は今でも頭によく残っています。この歳になっても，中高時代の教育に感謝することがよくあります。

　英語ができたほうが就職に都合がよいということも言えると思います。日本の企業にも，社内の公用語を英語にするというような動きがあると言います。やはり，将来の社会での活動の可能性を拓くためにも，少なくとも英語の基礎は学んでおいたほうがいいと思います。

英語の授業は英語で

　英語の授業はできるだけ英語で行うということは何も不思議な

ことではありません。できるだけ英語で話し，難しい説明は日本語ですればいいのです。理解を日本語で確認することも必要でしょう。英語教師のつたない英語は，かえって生徒に悪影響を与えるという考え方もありますが，私はそうは思いません。

　もし「完璧な英語を話す力」などというものがあるならば，そして，それが身に付くまでは教師は教室で英語を話してはいけないのであれば，日本で学んでいる教師も学習者も，一生英語を話すことはないでしょう。英語の教師は，間違わないように話さねばならないと考えるために英語が話せなくなるという現状がそのままこの考え方に現れています。教室は生徒が学ぶ場であるばかりでなく，教師が学ぶ場でもあります。教師もつたない英語で始めて，いつかはそれなりの英語が話せるようになればいいと私は思います。

　2009年12月初旬，北京第二外国語学院から講演に招かれました。寒い冬でしたが，キャンパス内は活気にあふれていました。短い北京滞在中，学生の勉強熱心さは特に印象的でした。がむしゃらに勉強する姿勢もさることながら，基本的に英語の授業は英語でやるという，教師と学生の必死さを感じました。

　キャンパス内を歩いていると学生が呼びかけてきました。話を聞くと，私の講演を聞いた学部1年生だということです。彼の英語はとても流暢でした。どのようにして英語を勉強したのかと聞くと，大学に入る前にただがむしゃらに勉強したと答えました。その後，何冊か手にした中国の中学生・高校生用の問題集・参考書の分量とハイレベルな語彙には圧倒され，またなるほどこれで勉強したのかと納得もしました。

　今現在，北京第二外国語学院の若い先生が私のところで博士学

位の取得を目指して勉強しています。彼女は海外に出るのは今回が始めてだということです。彼女の英語力は，日常の会話はもちろん，英語の文献を読む力，論文を書く力，プレゼンテーションの力のすべてにおいて博士課程後期課程の学生の中で群を抜いています。

　日本はもうすでに，英語のコミュニケーション能力養成の教育に関しては中国には太刀打ちできないところに来ていると思います。基本的に英語で授業をするし，大学生は英英辞典を使うそうです。英語をそのまま理解するので，中国語にどう訳すかということは大きな問題ではないようです。理屈よりは丸暗記という感じです。その点は日本と大いに異なるところです。

　とは言っても，私は日本の英語教育が中国のようになることを願っているのではありません。日本の風土に合わせて育ってきた英語教育の方法は貴重なものです。訳読も重要であることは言うまでもありません。日本人の子供はまずは日本語で育て，その上に外国語学習が成り立つという考え方は私の信念でもあります。

　ですが，中学校・高等学校では可能な限り英語の授業は英語でする，当然大学でも英語の授業はできるだけ英語でする，教員養成課程や英語関係の大学院では基本的に英語で授業をするという方向を目指さない限り，英語運用能力にたけた英語教師の養成はできないと思います。

　細部までも文法的に理解して完璧に日本語に訳すというのは，本当の英語の力以上のものを求めることになります。翻訳家ならいざ知らず，英語を理解することと，すべてを日本語に訳すことは同じではありません。英語で理解した内容を日本語で表現すると，人によって表現方法がかなり違ってきます。それは言葉の宿

命です。ですから，学生が期末試験のために訳を覚えてくるなどというのは，まったくのナンセンス。そうならないような試験問題を作る工夫も教師の仕事です。

条件整備の必要性

今もっとも重要な問題は，できるだけ英語で授業をする力を教員につけさせるために，政治や行政が何を保障するかだと考えています。多忙な仕事を一方でやらせ，研修機会を与えずに英語で授業をしろというのは愚かなことです。クラスのサイズを40人のままにしておいて，英語で効果的な授業をすることなどできるわけがありません。30人，いや20人クラスであれば実現の方向が見えてくるかもしれません。

「英語で授業を」を実現するために，教職員を増やす，教員の雑用を減らす，クラスサイズを縮小させる，といった方向への運動に繋がるほうが結局は日本の教育の質的転換に向かうだろうと私は思うのです。

40人以上のクラスで一番やりやすい授業形態は文法訳読です。だからその形体は形を変えながら今日まで続いています。生徒との双方向的（インタラクティブ）な授業は大人数の教室では困難です。インタラクティブな教育の代わりに機器を使った授業が試みられますが，その授業ができる教室数が限られ，全部の授業をやるわけにはいきません。結局は一部の教師の限られた授業に限定されます。大学でも機器が利用できる教室は取り合いになるのが現状です。

英語嫌いにさせないために

　せっかく英語を学び始めても，アルファベットを覚えられない，単語の綴りが覚えられない，am, are, is の区別ができない，一般動詞と be 動詞の区別ができない，代名詞の格変化が分からない，三単現の -s, -es ができない，などといろいろな原因で英語が嫌いになる生徒が少なくありません。大学生でも文法が嫌いだから英語が嫌いだという学生がいます。結局は，どうして英語の勉強を強制されなければならないのか，という姿勢の具体的表現です。

　書き換えや英語の言い換え，文法的に間違った文を選ぶといった，高校入試に出るような問題は，決まった形式があるので生徒には取り組みやすいようです。だからといって，英語の学習をパズル解きに堕落させてはいけません。

　読み，書き，聞き，話すことが言語である英語の役割です。とりわけ読解が基本で重要です。日本にいて，どこでもいつでも読むことはできるからです。入試問題の中のコロケーションを完成させる問題は，無意識のうちに覚えるネイティブとは違って，意識的学習が必要な部分を試す意味があります。文脈の中から冠詞を選ばせるといった問題も知識を明示化させる意味でいい問題だと思います。

日本人は外国語が下手か？

　多くの大学では英語以外の「第二外国語」を履修させます。最近はフランス語やドイツ語の人気が衰え，中国語，韓国語がそれらに取って代わりつつあるようです。日本人がアジアの言語に関心を向けるのは好ましい傾向だと思います。ただ，人気のもとを

たどれば，漢字を使う中国語に対する親近感や韓国語に対する分かりやすさ感の裏付けがあって，単位が取りやすいという動機もおおいにあるだろうと思います。実際に韓国人，中国人は日本語の習得が早いし，日本人もヨーロッパ系の言語に比べて韓国語，中国語は習得しやすいようです。

　私は年に1回はソウルに行きますが，日本語で上手に案内する韓国人ガイドに聞くと，日本語を学び始めて1年，という人が少なくありません。言語の系統が近いということもあるでしょうが，共通の文化をもっていることが習得のしやすさの背景にあることは疑いありません。英語とフランス語は系統的にはかなり遠いのですが，共通するキリスト教文化，文化の伝達を担う語彙・イディオム・諺などの共通性などによって，英語を学んだ人にはフランス語も圧倒的に学びやすくなります。

　初学者はなかなかそこまではいきません。フランス語はやはり動詞の活用形を覚えることでうんざりしてしまうことが多いようです。ドイツ語でもそうです。どうしてこんなに変化する必要があるのだろうか。こんな疑問を持ち始めるとなかなか単位がとれなくなります。この段階を通り越すと楽になりますが，なかなかそこまでいけないのが実情でしょう。だんだん初学者が陥る難しさの印象が後輩に伝わり，履修者が減るという悪循環になっています。

　フィンランド語はアジア系（ウラル・アルタイ系）の言語で，言語学的に英語に近い関係とは言えません。それにもかかわらず，フィンランド人は英語を上手に操る人が多いのに驚きます。2008年夏にヘルシンキを訪れた時，スーパーなどいろいろな店でも英語で何不自由ありませんでした。ホテルやレストランは言

うに及ばす, セルフサービスの洗濯屋の店員とのコミュニケーションも英語で何の不自由もありませんでした。ホテルから空港まで乗ったタクシーの運転手は終始英語をしゃべり続けました。私も英語で受け答えしましたが,「あなたは英語が上手だね」などと言ってほめてもらいました。この運転手に聞くと, 英語は学校で習ったというよりは, 仕事の必要上覚えたと言っていました。ヨーロッパという共通の基盤である文化, 宗教などを共有することが学習のしやすさになっているのだろうと思います。

　この話は, 先のスペインの場合とは違っています。きっと教育のあり方, 小言語話者の国と大言語話者国の違いが反映しているのでしょう。

　日本人は英語学習に四苦八苦します。言語学的には日本語と英語は他に類を見ないほどもっとも離れた位置にあり, また, 日本に住んでいる限り, 仕事や日常生活に英語はほとんど必要ありません。「英語が使える英語教育」を目指す英語教育も, あれこれ議論はありますがこうすれば英語が使えるようになるといった決め手はありません。英米とは文化的にも宗教的にも価値観も随分とかけ離れ, 日本人は英語を習得する上で, ヨーロッパ諸国とはまったく異なった条件下にあります。このような事情を顧慮せず, 日本の英語教育がなってないから TOEFL の得点が世界で一番低いなどと言われることがあります。ですが, 日本人は決して怠け者でもないし, 外国語に対して無能力でもありません。外国語である中国語や韓国語を学ぶことにかけては, 世界に冠たる学習者なのです。

あとがき

　私は，英語の先生方の置かれた状況を考えて，学校という職場がもっと働きやすい，能力を発揮しやすい環境に変わっていってゆくことを切に願っています。そして，これからも，優秀な学生が教師にあこがれるような，そんな環境に変わってほしいと思っています。

　いきなり英語で授業をせよ，などと言わずに，教師に常に研修の機会を与え，順番に海外で研修する機会を与えるなかで，授業のあり方を無理なく変えてゆく方法をとらねばなりません。

　かたや教師の側は，自分の英語力を高め，英語に関する知識や関連知識を増やし，授業の内容を豊かにする方法を学ばねばなりません。この本は，そのような願いを込めてまとめたものです。いったん教師になると，生徒指導や雑務で，本など読んでいる暇はないという状況があることも承知しています。その状況を変えてゆくためには，何がどう変わればいいのでしょうか。

　予備校のカリスマ的存在の先生方は，おそらく，生徒指導よりは授業と準備に専念することができるのでしょう。学校もそのような体制をとれないのでしょうか。事務は事務のプロが，親に対応するような問題はその道のプロが対応するという体制がとれれば，日本の教育の中身は飛躍的に伸びるのではないでしょうか。

　英語教育の中身はどうでしょう。文法重視の看板の裏にある，ありもしない文法規則を後生大事に教える「日本の伝統」に固執する英語教育がコミュニケーション主体の教育を阻害していま

す。英語教育はエリートのためのものではありません。イギリスの哲学や古典的文学作品を読むために英語を学ぶような時代ではありません。何のために英語を学ぶのか。間違いなく，今の英語に通じて，今の英語を使いこなすこと，すなわち英語のコミュニケーション能力を身につけること，それしかないと思います。コミュニケーション能力を身につけるというのは，BBC や CNN で流される英語を理解したり，ニューズウィークやタイム，ニューヨークタイムズを読んだり，ハリーポッターのようなベストセラーを読んだりする力をつけること，必要に応じて，英語でメールを書いたり，英語で会議ができる基礎を築くこと，このようなことです。

　明治前半の，お雇い外国人による英語による教育を受ける中で，英語の達人が現れたのは何も不思議なことではありません。その時代は，英語やその他の西洋の言語を身につけることがすなわち出世の手段でしたし，英語を通じてその時代の先進的な知識の獲得が可能でした。

　それが，明治後半になると，英語やその他の西洋の外国語に対応する日本語が蓄積され，大正時代にはもうほとんど日本語で西洋発の学問をすることが可能になってきました。学問のために必ずしも英語などの外国語を前提とする必要がなくなってきたのです。その結果，当然のこととして英語力の低下が起こります。ですが，日本語で先進的な学問ができるという環境は，日本の誇るべき文化です。アジアで自分たちの言語で学問ができる国はそれほど多くはないでしょう。

　過去に想いをはせることも大事ですが，今使われている英語をこれからの日本を背負ってゆく若い人たちにどのようにして身に

つけさせるか，これが課題です。日本のことを発信するのは自分たちしかないというエリート意識をもった人たちが英語を学んだ方法と，今の普通教育の中での英語教育とを同じレベルで考えることはできません。

　学問をするための英語教育よりは，実際に使うことができる英語を主体にした英語教育。これが私たちの目指すべき方向だと考えています。そのためには，今使われている英語を教材とし，その習得に必要な発音や語彙，イディオム，文法などの基本事項を学ぶ機会を提供すること，その教育に対応できる教師を育てることが必要です。

　文法重視を批判しながら，第5章，第6章は文法事項を扱いました。これらの章の目的は，文法と言われるものがいかに根拠の薄いものであるかを，実例を通して知っていただきたいという思いを込めています。文法をあたかも法律のごとく守ることが大事なのではない，というメッセージです。

　本書で述べたことは，英語に関する雑学的な知識になっています。このような知識がいろいろな本を読んだり調べたりする手間を省くことになってほしいと願っています。

引用文献

Burchfield, R. W. (1996) *The New Fowler's Modern English Usage*, 3rd ed., Oxford University Press, Oxford.［『ファウラー英語語法辞典』］

Carter, D. and M. McCarthy (2006) *Cambridge Grammar of English*, Cambridge University Press, Cambridge.［『ケンブリッジ口語英文法』］

Celce-Murcia, M. and D. Larsen-Freeman (1999) *The Grammar Book: An ESL/EFL Teacher's Course*, 2nd ed., Heinle & Heinle, Boston.［『英文法書』］

Curme, G. O. (1935) *Parts of Speech and Accidence*, Heath and Company, Boston.［『品詞と語形論』］

Curme, G. O. and H. Kurath (1931) *A Grammar of the English Language*, Heath and Company, Boston.［『英文法』］

Declerck, R. (1991) *A Comprehensive Descriptive Grammar of English*, Kaitakusha, Tokyo.［『総合的記述英文法』］

江川泰一郎 (2002)『英文法解説』(改訂第三版)，金子書房，東京.

Gimson, A. C. and A. Cruttenden (1994) *Gimson's Pronunciation of English*, 5th ed., Edward Arnold, London.［『英語発音入門』］

Greenbaum, S. and R. Quirk (1990) *A Student's Grammar of the English Language*, Longman, London.［『学生英文法』］

Hartmann, R. R. K. and G. James (1998) *Dictionary of Lexicography*, Routledge, New York.［『辞書学辞典』］

樋口昌幸(著)，マイケル・ゴーマン(協力) (2004)『現代英語冠詞事典』大修館書店，東京.

早川　勇 (2001)『辞書編纂のダイナミズム――ジョンソン，ウェブスターと日本――』辞游社，東京.

早川　勇 (2006)『日本の英語辞書と編纂者』(愛知大学文學會叢書 XI)，春風社，横浜.

Hewings, M. (2005) *Advanced Grammar in Use*, 2nd ed., Cambridge University Press, Cambridge.［『実用高等英文法』］

Hornby, A. S. (1953) *A Guide to Patterns and Usage in English*, 岩崎民平(注), 研究社, 東京.［『英語のパタンと語法』］

Huddleston, R. and G. K. Pullum (2002) *The Cambridge Grammar of the English Language*, Cambridge University Press, Cambridge.［『ケンブリッジ英文法』］

井田好治 (1982a)「長崎原本『諳厄利亜興学小筌』の考察」日本英学史料刊行会(編) (1982), 7-38.

井田好治 (1982b)「長崎原本『諳厄利亜語林大成』の考察」日本英学史料刊行会(編) (1982), 39-80.

井田好治 (1982c)「日本の英語辞書発達小史——その前史と明治英学の到達点まで」日本英学史料刊行会(編) (1982), 199-226.

市河三喜 (1947)『英語雑考』愛育社, 東京.

市川繁治郎(編) (1995)『新編 英和活用大辞典』研究社, 東京.

井上亜依・八木克正 (2008)「英語音声表記の問題点——英和辞典における前置詞・不変化詞を伴う成句のストレスについて——」『英語音声学』第11・12号合併号, 日本英語音声学会.

井上和子・山田洋・河野武・成田一 (1985)『名詞』(現代の英文法6), 研究社, 東京.

一色マサ子 (1954)『冠詞』(英文法シリーズ), 研究社, 東京.

Jespersen, O. (1961) *A Modern English Grammar on Historical Principles*, Part VI Morphology (reprinted in 1961), George Allen and Unwin, London.［『近代英語文法』］

Jespersen, O. (1962) *Essentials of English Grammar*, George Allen and Unwin, London.［『エッセンシャル英文法』］

金口儀明 (1958)『名詞・代名詞』(現代英文法講座1), 研究社, 東京.

金口儀明 (1968)『主題と陳述(上)』(英語の語法・表現篇 第7巻), 研究社, 東京.

神崎高明 (1994)『日英語代名詞の研究』研究社, 東京.

小島義郎 (1999)『英語辞書の変遷』研究社, 東京.

Leech, G. and J. Svartvik (2003) *A Communicative Grammar of English*, 3rd ed., Pearson Education, Harlow.［『コミュニカティブ英文法』］

Merriam Webster's Dictionary of English Usage, 1994, Merriam-Webster, Springfield, MA.［『メリアム・ウェブスター現代英語語法辞典』］

中尾俊夫 (1985)『英語史 II』(英語学大系 第9巻), 大修館書店, 東京.

日本英学史料刊行会(編) (1982)『長崎原本『諳厄利亜興学小筌』『諳厄利亜語林大成』研究と解説』大修館書店, 東京.

日本英語音声学会(編) (2002)『英語音声学辞典』成美堂, 東京.

Onions, C. T. (1927) *An Advanced English Grammar*, 西尾孝(注), 千城書房, 東京.［『上級英文法』］

Orkin, M. M. (1970) *Speaking Canadian English*, General Publishing Company, Toronto.［『カナダ英語を話して』］

Poutsma, H. (1929) *A Grammar of Late Modern English*, Part I, *The Sentence*, The Second Half, *The Composite Sentence*, 2nd ed., P. Nordhoff, Groningen.［『後期近代英語文法』］

Quirk, R., S. Greenbaum, G. Leech and J. Svartvik (1985) *A Comprehensive Grammar of the English Language*, Longman, London.［『総合英文法』］

斎藤武生・安井泉 (1983)『名詞・代名詞』(講座・学校英文法の基礎 第2巻), 研究社出版, 東京.

Swan, M. (2005) *Practical English Usage*, 3rd ed., Oxford University Press, Oxford.［『実用英語語法辞典』］

Sweet, H. (1891–1899) *A New English Grammar*, 2 vols., Oxford University Press, Oxford.

Thomson, A. J. and A. V. Martinet (1986) *A Practical English Grammar*, 4th ed., Oxford University Press, Oxford.［『実用英文法』］

高梨健吉 (1996)『日本英学史考』東京法令出版, 東京.

武田万里子 (1982)「開国前の日英関係フェートン号事件と英学」日本英学史料刊行会(編) (1982), 113–140.

豊田 實 (1939)『日本英學史の研究』岩波書店, 東京.

寺澤芳雄(編集主幹) (1997)『英語語源辞典』研究社, 東京.

渡辺 実 (1982)「英語学習の方法と論理——『諳厄利亜語林大成』の誕生まで」日本英学史料刊行会(編) (1982), 81–112.

渡辺登士(編著代表) (1995)『英語語法大事典 第4集』大修館書店, 東

京.
Watkins, G.・河上道生・小林功 (1997)『これでいいのか大学入試英語 上・下』大修館書店, 東京.
Wells, H. C. (2008) *Longman Pronunciation Dictionary*, 3rd ed., Pearson Education, Harlow.［『ロングマン発音辞典』］
八木克正 (1996)『ネイティブの直観にせまる語法研究——現代英語への記述的アプローチ』研究社出版, 東京.
八木克正 (1999)『英語の文法と語法——意味からのアプローチ』研究社出版, 東京.
八木克正 (2002a)「口語英語の文法特徴——LKL Corpus を使って(1)」『言語と文化』第 5 号, 関西学院大学言語教育センター.
八木克正 (2002b)「初期英和辞典の発音表記研究序説——辞書学的観点から」『英語音声学の諸相——枡矢好弘教授退職記念論文集』(「叢書 英語音声学」シリーズ第 1 巻), 西原哲雄・南條健助(編), 27-45, 日本英語音声学会.
八木克正 (2006)『英和辞典の研究——英語認識の改善のために』開拓社, 東京.
八木克正(編著) (2007)『新英語学概論』英宝社, 東京.
八木克正・井上亜依 (2008)「英語教育のための phraseology (上)(下)」『英語教育』5, 6 月号.
安井 稔(編) (1987)『例解現代英文法事典』大修館書店, 東京.
安井 泉 (1992)『音声学』(現代の英語学シリーズ 第 2 巻), 開拓社, 東京.
吉田正治 (1998)『続・英語教師のための英文法』研究社出版, 東京.

英語辞書名一覧

『アメリカン・ヘリテージ辞典』*American Heritage Dictionary*, 4th ed., Houghton Mifflin, Boston, 2000.
『第 3 版 新ウェブスター国際辞典』*Webster's Third New International Dictionary*, Merriam-Webster, Springfield Mass., 1960.
『エンカータ・コンサイス英語辞典』*Encarta Concise English Dictionary*, Bloomsbury Publishing Plc, 2007.
『ケンブリッジ上級学習者辞典』*Cambridge Advanced Learner's Dic-*

tionary, 3rd ed, Cambridge University Press, Cambridge, 2008.

『ケンブリッジ・アメリカ英語辞典』*Cambridge Dictionary of American English*, 2nd ed., Cambridge University Press, Cambridge, 2000.

『コンサイス・オックスフォード英語辞典』*Concise Oxford English Dictionary*, Oxford University Press, Oxford, 1911.

『ロングマン上級アメリカ英語辞典』*Longman Advanced American Dictionary*, 2nd ed., Pearson Education, Essex, 2007.

『ロングマン現代英語辞典』*Longman Dictionary of Contemporary English*, 5th ed., Pearson Education, Essex, 2009.

『ロングマン英語と文化辞典』*Longman Dictionary of English Language and Culture*, 3rd ed., Longman Group UK, London, 2005.

『マクミラン英語辞典』*Macmillan English Dictionary*, 2nd ed., Macmillan Education, 2007.

『メリアム・ウェブスター上級学習英語辞典』*Merriam-Webster's Advanced Learner's Dictionary*, Merriam-Webster, Springfield Mass., 2008.

『メリアム・ウェブスター・カレッジエイト辞典』*Merriam-Webster's Collegiate Dictionary*, 11th ed., Merriam-Webster, Springfield Mass., 2003.

『オックスフォード・コロケーション辞典』*Oxford Collocations Dictionary*, Oxford University Press, Oxford, 2008.

『オックスフォード上級英語辞典』*Oxford Advanced English Dictionary*, 8th ed., Oxford University Press, Oxford, 2010.

『オックスフォード英語辞典』*The Oxford English Dictionary on Historical Principles*, 2nd ed., Oxford University Press, Oxford.

『ショーター・オックスフォード英語辞典』*The Shorter Oxford English Dictionary*, 6th ed., Oxford University Press, Oxford, 2007.

『ウェブスターズ・ニューワールド・カレッジエイト辞典』*Webster's New World Collegiate Dictionary*, 4th ed., Webster's New World, Cleveland, 2000.

索　引

1. 日本語はあいうえお順，英語は ABC 順で並べた。
2. 数字はページ数を表す。f. は次ページに続く，ff. は次ページ以後にも続くの意味。

用語・人名

IPA　57, 58ff, 70ff.
アメリカ英語　28
アメリカ英語（音組織）　58f.
アメリカ植民地時代　28f.
アングル族（Angles）　21
アングロサクソン（Anglo-Saxon）　21
インド・ヨーロッパ語族（Indo-European Language Family）　20
ウイリアム（William，ノルマンの王）　23
ウイリアム・ペン（William Penn）　28
ウェブスター式発音表記　62, 65, 67, 69ff.
英語公用語国　27
英語のアルファベット　34ff.
英米の綴りの違い　30
オーストラリア英語　32
音の消失　40
カナダ英語　31
関係代名詞（制限用法・継続用法）とカンマ　9
機能語　50
キャクストン（Caxton）　24
強形　51

近代英語（Modern English, ModE）　21, 24ff., 36
近代英語の文字　36
クリオール（creole）　23
ゲルマン語派　20f.
言語経済　41
言語接触　42
現代英語（Present-day English）　21
後期近代英語（Late ModE）　21
後方照応　96
古英語（Old English, OE）　21, 22ff.
古英語時代の文字　34f.
国際音声字母　→IPA
古代ギリシャ語　20
古ノルド語（Old Norse）　22
サクソン族（Saxons）　21
サムエル・ジョンソン（Samuel Johnson）　36
サンスクリット語（Sanscrit）　20
シェイクスピア，ウイリアム（William Shakespeare）　25
弱形　51
初期近代英語（Early ModE）　21
シラビケーション　62f.
ジュート族（Jutes）　21
ストレス表記　62
声門閉鎖音　74, 75, 76

前方照応　96
大英帝国 (Great Britain)　26
大母音推移 (Great Vowel Shift)　22, 25f., 39
代名詞の後方呼応　96ff.
代名詞の変化　46ff.
ダニエル・ジョーンズ　71
中英語 (Middle English, ME)　21ff.
中英語時代の文字　35f.
チョーサー, ジェフリー (Geoffrey Chaucer)　24
綴り字発音　76ff.
内容語　50
二重属格　112ff.
日本語(音組織)　58
ニュー・イングランド　28
ノア・ウェブスター (Noah Webster)　30
ノルマン・フレンチ (Norman French)　23
ノルマン人の征服 (Norman Conquest)　22
バイキング (Viling)　22
発音カナ表記　72f.
ピジン (pidgin)　23
比較言語学 (Comparative Linguisitcs)　20
標準英語　22
複数主語に呼応する単数補語　90ff.
不定冠詞 (a, an)　37f.
不定代名詞(照応)　101f.
不定名詞句(照応)　101f.
分節　→シラビケーション
分綴　→シラビケーション
文法(狭義・広義)　14, 80
堀達之助(ホリタツノスケ)　63

翻訳辞書　65
黙字(歴史)　39ff.
黙字の b　39f.
黙字の gh　40
黙字の k　40
ラテン語 (Latin)　20
蘭語　60
ルーン文字　34f.
ルネサンス (Renaissance)　22
労力節減　41

語　句

「サンドイッチ」(語源)　44
「州」(state アメリカの州; province カナダの州)　20
「背広」(語源)　5
「ミシン」(語源)　5
「メリケン粉」(語源)　5
「ワイシャツ」(語源)　3ff.
America (語源)　52
and (発音)　74
Australia (語源)　53
Austria (語源)　53
be 動詞の変化 (3 語根説, 4 語根説)　42ff.
be about　11
BNC (コーパス)　80
Canada (語源)　53
case (関係副詞の選択)　102ff.
each (数の呼応)　92ff.
early in the morning / in the early morning　122
forehead (発音)　77
German (ドイツ人(語))　21
Germanic (ゲルマン人(語))　21
go (活用変化)　22
have been to　7

have gone to　7
hesitation filler　16
I（大文字にする理由）　46, 47
I like an apple.（総称にならない理由）　84
Japan（語源）　52
mine　74
New Zealand（語源）　53
occasion（関係副詞の選択）　104f.
of my own doing　123f.
often（発音）　77
one（発音と綴り）　38
o'clock（語源）　49
relaxedly（発音）　78
rock-'n'-roll（語源）　50
she（語源）　48
situation（関係副詞の選択）　102ff.
the の発音　73ff.
there's（数の一致）　81ff.
they（their, them）　47f.
thine　74
time（関係副詞の選択）　104f.
used to（運命）　115ff.
WB（コーパス）　80
we（語源）　48
wh- の綴り（hw- との関係）　3f.
wh- の発音　3f.
Where is the restroom?（なぜ the か）　124f.
where your head is at　107ff.
whose（物を先行詞とする関係代名詞）　105ff.
whose job (it) is to do　110ff.
would（運命）　115ff.

辞書名

『アメリカ英語辞典』　30, 37
『諳厄利亜興学小筌』（アンゲリアコウガクショウセン）　60
『諳厄利亜語林大成』（アンゲリアゴリンタイセイ）　60
『井上英和辞典』　67, 68f.
『ウェブスター氏新刊大辞典和譯字彙』　65
『英和対訳袖珍辞書』　63
『オックスフォード英語辞典』　36, 37, 44
『研究社英和大辞典』　71f.
『薩摩辞書』　→『和譯英辞書』
『袖珍コンサイス英和辞典』（シュウチン）　71
『熟語本位英和中辞典』　67, 69
『詳解英和辞典』　67
『ショーターオックスフォード英語辞典』　44, 45
『新明解英和辞典』　72
『新訳英和辞典』　66
『双解英和大辞典』　65
『大英和辞典』　70f.
『大正増補　和訳英辞林』　63f.
『附音挿図英和字彙』（フオンソウズエイワジイ）　64f.
『附音挿図和譯英字彙』　65
「平文辞書」（ヘボン辞書）　→『和英語林集成』
『明治英字辞典』　65
『模範英和辞典』　67, 68
『模範新英和大辞典』　67, 68
『和英語林集成』　64
『和譯英辞書』　63

八木　克正　(やぎ　かつまさ)

1944年，兵庫県生まれ。関西学院大学教授。英語語法文法学会会長 (2004〜2007)，日本英語音声学会副会長 (1998〜)。博士 (言語コミュニケーション文化)。

単著書:『新しい語法研究』(1987，山口書店)，『ネイティブの直観にせまる語法研究』(研究社出版，1996)，『英語の文法と語法──意味からのアプローチ』(研究社出版，1999)，『文法活用の日常英語表現』(英宝社，1990)，『英和辞典の研究──英語認識の改善のために』(開拓社，2006)，『世界に通用しない英語──あなたの教室英語，大丈夫？』(開拓社，2007)，『英語の疑問新解決法』(三省堂，2011) など。編著書:『新英語学概論』(編) (英宝社，2007)。辞書類:『ユースプログレッシブ英和辞典』(編集主幹) (小学館，2004)，『現代英語語法辞典』(編集協力) (三省堂，2006)。専攻論文多数。

英語教育に役立つ
英語の基礎知識 Q & A　　〈開拓社　言語・文化選書 27〉

2011年10月23日　第1版第1刷発行

著作者　八木　克正
発行者　武村　哲司
印刷所　東京電化株式会社／日之出印刷株式会社

発行所　株式会社　開拓社

〒113-0023　東京都文京区向丘1-5-2
電話　(03) 5842-8900 (代表)
振替　00160-8-39587
http://www.kaitakusha.co.jp

© 2011 Katsumasa Yagi　　ISBN978-4-7589-2527-3　C1382

JCOPY　〈(社)出版者著作権管理機構　委託出版物〉
本書の無断複写は著作権法上での例外を除き禁じられています。複写される場合は，そのつど事前に，(社)出版者著作権管理機構 (電話 03-3513-6969，FAX 03-3513-6979，e-mail: info@jcopy.or.jp) の許諾を得てください。